HuPäSch

Für alle Zwei- und Vierbeiner, die meine Arbeit im Bereich Hupäsch unterstützt, bereichert und mit immer neuen Impulsen versorgt haben!

Und besonders
für die netten, fleißigen Testleserinnen meines Manuskripts, die durch ihre Verbesserungen und Veränderungsvorschläge zum Gelingen dieses Buches beigetragen haben!

Lydia Agsten

Hundegestützte Pädagogik in der Schule

Hunde in die Schulen –
und alles wird gut ! ?

Multifaktorielles Wirkmodell
der Hundegestützten Pädagogik in der Schule

Bibliografische Information der Deutschen Nationalbibliothek
Die Deutsche Nationalbibliothek verzeichnet diese Publikation
in der Deutschen Nationalbibliografie; detaillierte bibliografische
Daten sind im Internet über http://dnb.d-nb.de abrufbar.

Herstellung und Verlag: Books on Demand GmbH, Norderstedt

Printed in Germany

ISBN 978-3-8370-3504-9

Gliederung

Einleitung

Als voll berufstätige Sonderpädagogin, Ehefrau, Mutter ... habe ich es fast 50 Jahre geschafft meinen Verstand über meinen Bauch siegen zu lassen! Zwar bereicherten Wellensittiche, Fische, Eidechsen und Katzen mein Leben, aber einen Hund habe ich mir aus verschiedensten Gründen nicht angeschafft, obwohl ich häufig ins Tierheim ging und mir im Fernsehen und im Internet viele nette Hunde begegneten.

Im Jahr 2002 trafen dann einige Faktoren so zusammen, dass sich der lang gehegte Wunsch nach einem Hund doch noch erfüllte! Die Zustimmung meines Mannes lag schon längere Zeit als Geburtstagsgeschenk im Schrank; der Bericht über „Jule in der Schule" geisterte durch die Medien und in der Schule sollte ich eine besondere Klasse mit massiv beeinträchtigten und schulmüden Jugendlichen übernehmen, in der vieles erlaubt war. – Also stand der Hundegestützten Pädagogik an der Brabeckschule, einer Förderschule mit dem Förderschwerpunkt Lernen, doch fast nichts mehr im Weg!

Nach sieben Jahren praktischer Arbeit mit meiner Hündin Sandy hat sich mein Blick geschärft und ich bin fasziniert von dem vielfältigen Wirkgefüge, das Einfluss auf die Auswirkungen der Hundegestützten Pädagogik in der Schule hat. Der in den Medien allgemein glorifizierte Einsatz von Hunden in der Schule birgt auch viele Unwägbarkeiten und Gefahren, von denen in der Regel nichts zu hören ist. Die Hundegestützte Pädagogik in der Schule ist ein Projekt, das erst dann zu qualitativ guten Ergebnissen führen kann, wenn möglichst alle Faktoren des Wirkmodells als Puzzleteile erkannt und berücksichtigt werden. Dieses Buch dient deshalb der genaueren Beleuchtung möglichst vieler Teilaspekte der Hundegestützten Pädagogik in der Schule.

Dabei zeigen sich ständig neue Aspekte, die Berücksichtigung finden müssten, um den Bereich Hupäsch umfassend zu analysieren. Dieses Buch soll nur ein erster Schritt zur Analyse des pädagogischen Einsatz von Hunden in der Schule sein.

Zunächst setze ich mich mit der tausende Jahre alten Beziehung zwischen Hunden und Menschen auseinander und deren Wandel im Laufe der Zeit. Aufbauend auf der Entwicklung der Tiergestützten Intervention werden Bedingungen und Möglichkeiten für den Einsatz von Hunden in der Schule aufgezeigt und mit neuen Forschungsergebnissen belegt. Diese Zustandsevaluation soll möglichst viele Fakten aufzeigen und erläutern, um Transparenz für Interessierte am Thema zu schaffen. Auch Anknüpfungspunkte für Evaluationsforschung werden deutlich, die meine Möglichkeiten überschreitet, da ich leider nicht die nötige Zeit und die notwendigen Qualifikationen besitze.

Vielfältig bin ich durch verschiedenste Arbeiten zum Thema Schulhund auch mit der Evaluation dieses Bereiches der Tiergestützten Pädagogik konfrontiert worden. Dabei setzten sich immer Studentinnen oder Referendarinnen mit der Hundegestützten Pädagogik in der Schule auseinander. Sie verfügten zum Teil über Hundeerfahrung, aber der Einblick in die vielfältigen Facetten in den Bereich Hupäsch fehlte ihnen natürlich, da sie sich noch nicht die nötige Praxiserfahrung aneignen konnten. So stoße ich immer wieder auf gravierende Fehler im Evaluationsdesign und bei der Wahl der Instrumente, da der nötige Einblick in den Schulalltag fehlt.

Nach meinem Wissensstand gab es in Deutschland vor 2002 kaum Kolleginnen, die von Hunden in die Schule begleitet wurden, so dass sich die Wissenschaft diesem speziellen Bereich der Tiergestützten Pädagogik bisher auch kaum gewidmet hat. Greiffenhagen und Buck schreiben dazu: „Die Auswahl von Methoden resultiert aus bestimmten Fragestellungen und Hypothesen. Aber gerade an dieser Grundlage fehlt es noch immer." (GREIFFENHAGEN/BUCK-WERNER S. 65)

Ich hoffe, mit diesem Buch auf Dauer dazu beitragen zu können, dass die Evaluationsforschung die qualitative Entwicklung der Hundegestützten Pädagogik in Deutschland positiv beeinflusst. Und Pädagoginnen, die hundegestützt in der Schule arbeiten wollen, sollen möglichst umfassend über die vielfältigen Voraussetzungen, Möglichkeiten, Gefahren und das multifaktorielle Wirkgefüge informiert werden.

Da bisher überwiegend Frauen Hunde in der Schule einsetzen, werde ich in diesem Buch für diesen Bereich allgemein die Begriffen Lehrerin, Pädagogin, Besitzerin etc. benutzen, obwohl auch einige Männer in der Schule von ihren Hunden unterstützt werden.

Iserlohn im Mai 2009   *Lydia Agsten*

1. Die Beziehung zwischen Menschen und Hunden im zeitlichen Wandel

Bevor ich mich der Hundegestützten Intervention allgemein und der Hundegestützten Pädagogik in der Schule im Besonderen zuwende, möchte ich mich intensiver mit der Beziehung zwischen Menschen und Hunden und ihrer Geschichte beschäftigen. Diese unterscheidet sich gravierend von der Beziehung zu anderen Tieren, die ebenfalls im Bereich der Tiergestützten Intervention eingesetzt werden, denn neben der Tatsache, dass die Domestikation der Hunde viel früher begonnen hat als die der anderen Tiere, wird heute allgemein davon ausgegangen, dass die Beziehung zwischen Mensch und Hund von Anfang an wechselseitig war. Deshalb soll sie hier als ein nicht unwichtiges Puzzleelement erläutert werden.

Die Abstammung des Hundes vom Wolf wurde noch im letzten Jahrhundert nicht allgemein anerkannt. Auch Konrad Lorenz ging 1950 in seinem Buch „So kam der Mensch auf den Hund" noch davon aus, dass die meisten Hunderassen nicht vom Wolf sondern von Schakalen abstammen. (SCHÖNBERGER S. 26) Neuere Forschungsergebnisse belegen jedoch mittlerweile allgemein die Abstammung aller Hunderassen vom Wolf. Nicht ganz so deutlich ist bisher aber der Zeitpunkt, ab dem von einem Hund gesprochen werden kann und somit ist auch das Alter der Hunde nicht eindeutig festzulegen.

Die Beziehung des Hundes zum Menschen gestaltete sich im Laufe der Jahrtausende sehr unterschiedlich und veränderte sich besonders bei uns in Deutschland in den letzten Jahrzehnten massiv. Hunde unterschiedlichster Rassen sind mittlerweile entstanden, die sich in Größe, Aussehen und Verhalten massiv unterscheiden.

1.1. Eine Beziehung über viele Jahrtausende

Nach Ergebnissen eines neunköpfigen Forscherteams könnten Hunde bereits vor 135.000 Jahren entstanden sein. Untersuchungen mitochondrialer DNA von Hunden der ganzen Welt ergab, dass 96 % aller heutigen Hunde wahrscheinlich von einer Familie abstammen. (SCHÖNBERGER S. 37 ff)

Berechnungen der genetischen Distanz ergaben dagegen ein Alter von rund 41.000 Jahren. Dabei lag der Ursprung des Haushundes wahrscheinlich vor rund 15.000 Jahren in Ostasien, obwohl bisher die Mehrzahl aller Skelettfragmente aus Europa sowie Eurasien stammen.

Die ältesten bisher entdeckten vollständigen Hundeschädel sind ca. 14.000 Jahre alt und wurden in Russland entdeckt. Sie unterscheiden sich von Wolfsschädeln durch die fehlende Zahnlücke, die kürzere Schnauze und den breiteren Gaumen. Das Loch in einem Schädel deutet darauf hin, dass Hunde auch als Nahrungsquelle und/oder für rituelle Handlungen genutzt wurden (SCHÖNBERGER S. 57 ff)

Frühste Bildnisse von Hunden sind auf einer Wandmalerei mit einer Jagdszene in der Türkei zu sehen, die vor 8.000 bis 9.000 Jahren entstand. In China entdeckte man in 339 Gräbern aus dem 2. Jahrh. v. Chr. 439 mitbestattete Hunde, die z. T. Bronzeglöckchen trugen.

Die Römer spezialisierten sich nachweislich auf die Zucht verschiedener Hunderassen, deren Körperhöhe zwischen 18 und 72 Zentimetern variierte. Mosaike belegen ihre Funktion als Wachhunde in Pompeji und sorgfältig bestattete Hunde nahe oder unter Türschwellen in germanischen Siedlungen auch kultische Bedeutung. Die Vielfalt der gut 400 Hunderassen entstand aber erst in den vergangenen 150 Jahren. (SCHÖNBERGER S. 66)

Es ergibt sich die Frage, ob der Mensch vorsätzlich Wölfe domestiziert hat oder der Wolf sich dem Menschen angeschlossen hat. Handelt es sich um „Mutualismus" (Bündnis zum Vorteil beider Spezies) oder ein einseitiges „kommensalistisches„ Verhältnis? (SCHÖNBERGER S. 73)

Genetische Muster im Hypothalamus der Wölfe und Kojoten sind starr im Gegensatz zu denen der Hunde, wo die Domestikation mittlerweile nachgewiesen Abweichungen bei der Genexpression enorm beschleunigt hat. Der Hypothalamus ist eine Schlüsselregion für Emotionen und überlebenswichtige Reaktionen. Eine Ausprägung bestimmter Gene im Hypothalamus des Hundes fiel auf, die wahrscheinlich bei der Steuerung von Abläufen wie Energiekontrolle und Nahrungsaufnahme sowie Angst und Stress mitwirken. Jene Wölfe, die sich den Menschen näherten, zeigten wahrscheinlich weder hohe Dominanz noch besondere Scheu.

Ethologen fanden heraus, dass es heute signifikante Verhaltensunterschiede zwischen zahmen Wölfen und Hunden gibt. Deshalb gehen sie davon aus, dass rangniedere Wölfe mit geringer

Fluchtdistanz sich langsam dem Menschen anschlossen. Es kam zu neuen Rudeln mit bestimmten Eigenschaften. Die Siebung betraf gekoppelte psychisch-somatische Effekte, so dass die Tiere sich auch äußerlich veränderten. Sie wurden kleiner, ihre Beißwerkzeuge passten sich der Nahrungsquelle an und kamen mit weniger Gehirnvolumen aus. Es wird heute davon ausgegangen, dass die Domestikation mit der Beeinflussung von Botenstoffen wie Serotonin und Melanin einhergeht, die u. a. die Stressreaktionen regulieren, aber auch die äußerlichen Merkmale der Tiere. (SCHÖNBERGER S. 75 ff)

Bei der klassischen Evolution verursachte die Zahmheit eine erfolgreiche genetische Anpassung an die Nahrungssuche auf der Müllhalde. An diese Selbstdomestikation und spätere Feinabstimmung durch den Menschen glauben mittlerweile viele Experten.

Es ist wahrscheinlich kein Zufall, dass der Wolf zum Haushund wurde, denn ebenso wie der Mensch war er es gewohnt zu kooperieren, um zu überleben. Die ersten Tiere fungierten als Lagerpatrouille, indem sie durch die Abfallentsorgung das Krankheitsrisiko verringerten. Sie dienten vielleicht auch als lebende Heizdecken und im Bedarfsfall auch als Nahrung.

Hunde haben viel von dem Reichtum wölfischen Verhaltens eingebüßt, haben sich dafür aber variablere Ausdrucksformen angeeignet. Das Bellen ist z. B. die Beibehaltung einer juvenilen Eigenschaft des Wolfes ebenso wie der Spieltrieb, die beide vom Menschen genutzt werden. Csányi geht davon aus, dass Hunde offensichtlich wesentliche Regeln der menschlichen Gesellschaft verinnerlicht haben und den Menschen scheinbar als Artgenossen betrachten. (SCHÖNBERGER S. 90) Im Laufe der Zeit hat sich eine Teamarbeit zwischen beiden entwickelt, die wahrscheinlich von beiden Seiten ausging. Sie erlebten eine „Koevolution", indem sie, im Gegensatz zu anderen Tieren, als Partner ihrer gemeinsamen Frühzeit entwuchsen.

Nach einer Pressemitteilung der Max-Planck-Gesellschaft vom November 2002 belegen die Ergebnisse einer Studie die Hypothese, „dass im Verlauf der Domestizierung einige sozial-kognitive Fähigkeiten der Hunde - in den Grenzen ihrer Art - mit denen des Menschen gewissermaßen "verschmolzen" sind, in einem Prozess der Kulturalisierung." (www.hundekosmos.de 12. 05 2009)

1.2. Der Hund als Unterstützung des Menschen

Der Hund ist, ebenso wie der Wolf, ein hoch sozial veranlagtes Lebewesen. Seine Sozialisationsperiode ist aber erheblich verlängert, so dass er „sein ganzes Leben lang in der Lage ist, dauerhafte Bindungen einzugehen". Ein typisches Merkmal für ihn ist die Kooperation. Er hat gelernt, „dass alles, woran Menschen ein Interesse haben, zu einem Auslöser für gemeinsame Aktionen werden kann. Hunde werden mit Begeisterung helfen, man kann sie aber auch lehren, sich zurückzuhalten und bewusst zu regulieren, ihre Aktivitäten zu stoppen oder wieder aufzunehmen, und das insbesondere in Übereinstimmung mit den Wünschen des Menschen". (CSÀNYI S. 38)

Ein weiteres wichtiges Merkmal des Hundes ist die Fähigkeit zu interpretieren. „Menschen haben keine Rute, können ihre Ohren nicht bewegen und haben ungewohnte Körpergerüche. Andererseits haben sie Hände, mit denen sie über unverständliche Dinge gestikulieren können. Aus diesem Grund haben Gebrauch und Interpretation erlernter Signale in der Kommunikation zwischen Menschen und Hunden" eine große Bedeutung. „Die Nachkommen der Wölfe konnten nur dann in der menschlichen Gemeinschaft bleiben, wenn ihr Verstand dazu in der Lage war, die menschlichen Handlungen zu verfolgen und die ihnen vorausgehenden kleinen, kaum merklichen Hinweise richtig zu interpretieren." „Hunde sehen sich mit einem fast endlosen Redefluss von Seiten der Menschen konfrontiert, aus dem sie diejenigen Worte herausfiltern müssen, die für sie von Bedeutung sind." (CSÀNYI S.38/39) Budapester Ethologen sind sicher, dass „Hunde menschliche Gesten auf einem `höheren Niveau´ erfassen" als Schimpansen. (SCHÖNBERGER S. 249)

Diese Grundveranlagung des Hundes führte dazu, dass er die Menschen entlastete und unterstützte. „Das Mängelwesen Mensch wird durch den Hund abgesichert, behütet, entlastet, unterstützt, angeregt und erfreut." (BERGLER S. 12) Nach Bergler kam dem Hund am Anfang der Beziehung eine universelle Bedeutung zu: „Bewachung von Haus, Hof, Vieh; Beteiligung an der Jagd; Zugtier von Schlitten und Karren … das Spielen mit Kindern und Erwachsenen, gemeinsame Freuden und sicherlich auch gemeinsame Leiden." (BERGLER S. 17) Später entwickelten sich besonders zwei Klassen von Hunden: die Jagdhunde der Herren und die Wachhunde der Bauern.

Auf der Webseite Hundekosmos steht: "Jagdhunde sind so zu einem unverzichtbaren Partner des Menschen bei der Verfolgung und Erlegung von Wildtieren geworden und stehen am längsten im Dienste des Menschen. Der Ursprung der Jagdhunde liegt in der Rassegruppe der Bracken, diese gehen wiederum auf die schon 500 n. Chr. bekannten Segusier (Keltenbracke) zurück." Auch Windhunde, Dachshunde und Terrier spielten früh eine Rolle bei der Jagd.

Aber auch als Lasten-, Hüte- und Schlittenhunde begleiteten Hunde die Menschen schon früh, wie u. a. arabische Chroniken aus dem 10. Jahrhundert berichten. Und den Einsatz von doggenartigen Hunden als Kriegshunde gab es schon bei den Assyriern, Babyloniern und Römern. (www.hundekosmos.de 10.12. 2008)

Um 1.500 gab es auch immer mehr Schoßhunde zur Befriedigung der emotionalen Bedürfnisse der reichen Damen. Auch verschiedene Modehunde wie Pudel, Möpse, Irische Wolfshunde, Collies usw. wurden zu bestimmten Zeiten vermehrt gezüchtet. „Mit dem Beginn einer planmäßigen, systematischen Hundezucht zu Beginn des 20. Jahrhunderts wird der Züchtung von Hunden mit speziellen Eigenschaften und Fähigkeiten für spezielle Funktionen (Diensthunde bei der Polizei, Lawinenhunde, Blindenführhunde) eine besondere Bedeutung beigemessen." (BERGLER S. 18/19) Besonders im 2. Weltkrieg wurden Hunde in vielfältigen Funktionen eingesetzt und daraus entwickelte sich z. B. der Rettungshund, dem allerdings heute keine speziellen Rassen zuzuordnen sind.

1.3. Die neue Rolle des Hundes in Deutschland

Die Rolle der Hunde in Deutschland hat sich besonders in den letzten Jahrzehnten teilweise gravierend verändert. Noch Mitte des letzten Jahrhunderts lebten sie überwiegend im Zwinger oder ähnlichen Unterbringungsmöglichkeiten oder häufig an der Kette, wenn sie Haus und Hof zu bewachen hatten. Eine besondere Ausbildung erhielten allgemein nur spezielle Diensthundearten wie Polizeihunde, Rettungshunde, Blindenführhunde usw.

Heute leben viele der über 5 Millionen Hunde in Deutschland als Familienmitglieder oder gar als Partnerersatz mit im Haus. Kurse beim Hundetrainer und vielfältige Beschäftigungsmöglichkeiten gehören häufig mit zum Alltag. Diese andere Rolle des Hundes in Deutschland hat natürlich als wichtiges Puzzleteil auch Einfluss auf die Hundegestützten Interventionen allgemein und auf die Hundegestützte Pädagogik in der Schule selbstverständlich auch.

Eine Studie des Instituts The Consumer View aus Bremen ergab, dass die meisten Deutschen sich ein Leben ohne Hunde nicht vorstellen können – „egal ob sie selbst einen der Vierbeiner besitzen oder nicht". „Viele sind aber zugleich der Ansicht, dass sich eine artgerechte Haltung immer schwerer verwirklichen lässt." „Laut Ergebnis der Umfrage sind 95 Prozent der deutschen Hundehalter und 85 Prozent der Bundesbürger ohne Hund davon überzeugt, dass die Vierbeiner »einen festen Platz in unserer Gesellschaft verdient« haben." (dpa 20.6.07 nach www.hund-und-halter.de 10.12.2008)

Ergebnisse der Shell-Studie „Jugend 2002" ergaben, dass 70 % der Probanden davon überzeugt sind, dass sie eine Familie zum Glücklichsein brauchen und Haustiere dabei ebenso wichtige Bezugspersonen sind wie Oma und Opa. (HEINTZMANN S. 5) Otterstedt schreibt, dass besonders das Haustier „durch seine psychosoziale Bedeutung das menschliche Bedürfnis nach Kontakt mit der Natur" beantwortet. (OLBRICH/OTTERSTEDT S. 25) Dabei ist die Beziehung zwischen Menschen und Tieren allgemein immer im Kontext mit der menschlichen Kultur und Gesellschaft zu sehen.

Auf der Welt leben ca. 600 Millionen Hunde, von denen sich ca. 400 Millionen selber als Straßenhunde versorgen müssen. (DOGS 1/2008 S.52) Dies zeigt eindeutig, dass Hunde in verschiedenen Kulturen eine sehr unterschiedliche Rolle spielen. Auch in Deutschland leben ca. 80.000 Hunde in Tierheimen und suchen ein neues Zuhause. Im Gegensatz dazu treibt die Liebe zum Hund bei uns, und natürlich auch in einigen anderen Ländern, teilweise bizarre Blüten. Exklusive Hundegeschäfte mit einer Auswahl von 380 verschiedenen Halsbändern, teuren Mänteln für den Hund und vielem mehr, spezielle Hundebäckereien und exquisite handgefertigte Sitzgelegenheiten deuten auf eine besondere Beziehung zwischen Mensch und Hund hin, die mit einer artgerechten Haltung nicht immer zu vereinbaren ist. Häufig werden Hunde nur noch als lebendes Kuscheltier gesehen und das Wissen der Halter über die Bedürfnisse der Hunde und ihre Körpersprache ist recht gering.

Nach einer Untersuchung von Silke Wechsung gehören 22 % der Hundehalter zum Typ des prestigeorientierten, vermenschlichenden Hundehalters, ohne dass sie eine enge Bindung zum Hund eingehen. (Kongress Mensch und Tier Vorträge 2008 S.10) Sie belegte auch,

„dass die Qualität der Mensch-Hund-Beziehung ausschließlich durch die Einstellungen und Verhaltensmuster der Halter ... geprägt sind".

Besonders in den Städten wird eine hundegerechte Haltung durch neue Gesetze und ungenügende Freilaufflächen zunehmend erschwert. Häufig werden Rassehunde aus Prestigegründen angeschafft ohne ausreichend über ihre speziellen Wesensmerkmale oder Bedürfnisse informiert zu sein. Neue Hygienestandards führen teilweise zu selektierten, gesäuberten, gebändigten und kontrollierten Tieren, die Zugang zu menschlichen Wohnstätten erhalten und als Ersatzobjekt für vermisste Berührungserfahrung dienen. (ROSE S. 219/220) Ohne die Möglichkeit zu artgerechtem Verhalten entwickeln sich aber zunehmend Verhaltensstörungen, die teilweise in Beißattacken enden und die Kluft zwischen Hundebesitzern und Hundehassern weiter vergrößert.

Nach Silke Wechsung gibt es aber drei Typen von Hundehaltern und neben dem oben genannten Typ 1 ist Typ 2 ein auf den Hund fixierter, emotional gebundener Hundehalter, der seinen Hund als engsten Freund, ständigen Begleiter oder auch als Partnerersatz ansieht. Die Qualität der Beziehung ist bei diesen 35 % dabei sehr hoch, da die volle Aufmerksamkeit dem Wohlbefinden und der Bedürfnisbefriedigung des Hundes gilt. Bei Typ 3 handelt es sich um einen naturverbundenen, sozialen Hundehalter, der seine Verbundenheit zur Natur ausleben möchte und sich aktiv mit dem Hund beschäftigt und bewegt. Darüber entwickeln sich bei diesen Hundehaltern, deren Anteil bei 43 % liegt, neue zwischenmenschliche Beziehungen. Die Qualität der Mensch-Hund-Beziehung ist bei diesem Hundehaltertyp ebenfalls hoch.

Die Nutzung der Hunde ist in den letzten Jahrzehnten vielfältiger geworden. Neben den z. T. über Jahrhunderte gezüchteten Jagd-, Schäfer- und Schlittenhunden wurden in Deutschland Blindenführhunde nach dem 1. Weltkrieg zunächst nur für Kriegsblinde, später aber auch für Zivilisten ausgebildet und auch bei der Polizei unterstützen Hunde mit verschiedenen Funktionen die Beamten seit ca. 100 Jahren.

In den Bereich Assistenzhund, der bestimmte körperliche Beeinträchtigungen des Menschen kompensiert, gehören neben dem Blindenführhund seit Jahren auch der Behindertenbegleithund, der Signalhund und der Epilepsiehund. Auch Therapiehunde und Schulhunde werden zunehmend speziell ausgebildet. Immer handelt es sich aber um keine über viele Jahrhunderte gezüchteten Rassen, obwohl einige Rassen aufgrund ihrer speziellen Wesensmerkmale gehäuft für diese Bereiche ausgebildet werden.

Zwei Wirtschaftswissenschaftler der Universität Göttingen verfassten 2007 eine „ökonomische Gesamtbetrachtung der Hundehaltung in Deutschland", die in der Zeitschrift DOGS 5/2007 veröffentlicht wurde. Danach werden in Deutschland in einem Jahr von Hundebesitzern rund 5 Milliarden Euro ausgegeben. Die Besitzer der etwa 5 Millionen in Deutschland lebenden Hunde geben jährlich um die 1.000 Euro für die Pflege, Ernährung und ärztliche Versorgung ihrer Vierbeiner aus. „Dieser "tierische Umsatz" schafft die Basis für immerhin rund 100.000 Arbeitsplätze, Tendenz steigend."

In Bezug auf das soziodemografische Profil ermittelten die Wissenschaftler aus Göttingen, dass der typische Hundehalter jünger, besser ausgebildet und wohlhabender ist als der Bevölkerungs-durchschnitt: Zwei Drittel der Menschen mit Hund verfügen über Wohneigentum, und ebenfalls zwei Drittel leisten sich einen Rassehund im Wert von 500 bis 3000 Euro. Der repräsentative Durchschnittshund absolviert seine Autofahrten vorzugsweise in einem geräumigen Kombi." (nach www.dpv.de 10.12.2008)

1.4. Zusammenfassung Beziehungsentwicklung Mensch Hund

Heute ist nachgewiesen, dass alle Hunderassen vom Wolf abstammen. Hunde begleiten den Menschen schon seit mindestens 15.000 Jahren und haben eine vielfältige Bedeutung für ihn, die auch stark vom kulturellen Hintergrund abhängig ist. Die Koevolution von Mensch und Hund beruht u. a. auf der guten Kooperationsfähigkeit des Hundes, die einen Unterschied zu der Beziehung zu anderen Tieren ausmacht. Auch die exzellente Interpretationsfähigkeit unserer Körpersprache führt dazu, dass Hunde allgemein versuchen, uns zu verstehen und zu unterstützen.

Zu den ältesten Funktionen des Hundes gehört die Unterstützung bei der Jagd, so dass verschiedene Jagdhunderassen schon sehr alt sind. Auch einige Schäfer- und Schlittenhunde begleiten uns schon über viele Jahrhunderte. Die meisten der ca. 400 Hunderassen wurden aber erst in den letzten 150 Jahren gezüchtet. Verschiedene Rassen wurden Anfang des letzten Jahrhunderts in Deutschland zu Blindenführhunden, Polizeihunden und Rettungshunden ausgebildet.

In den letzten Jahrzehnten hat sich die Rolle des Hundes in Deutschland vom Zwinger- und Kettenhund zum Familienhund gewandelt. Ca. 90 % der Bundesbürger sind davon überzeugt, dass der Hund einen festen Platz in unserer Gesellschaft verdient hat.

In Deutschland werden ca. 5 Milliarden Euro im Jahr für Ernährung, Pflege und ärztliche Versorgung der Vierbeiner ausgegeben. Im Gegensatz zu 400 Millionen Straßenhunden auf der ganzen Welt treibt die Liebe zum Hund dabei in den westlichen Ländern teilweise bizarre Blüten. Ungünstige Haltungsbedingungen in der Stadt und mangelndes Wissen über Wesensmerkmale und Bedürfnisse der Hunde führen so oft zu einer nicht artgerechten Haltung und daraus resultierenden Verhaltensstörungen, die wiederum zu gesetzlichen Einschränkungen führen.

Silke Wechsung stellte in ihrer empirischen Untersuchung fest, dass die Qualität der Mensch-Hund-Beziehung ausschließlich durch die Einstellungen und Verhaltensmuster der Halter geprägt wird und sich drei Typen von Hundehaltern unterscheiden lassen. Bei 77 % der Hundehalter ist die Qualität der Mensch-Hund-Beziehung hoch.

2. Entwicklung Hupäsch in Deutschland

Die Entwicklung der Hundegestützten Pädagogik in Deutschland ist natürlich eng verknüpft mit der Entwicklung der allgemeinen Tiergestützten Intervention in Deutschland und der Welt. Sie ist aber auch in Verbindung zu sehen zu unserer allgemeinen Beziehung zu Tieren in Deutschland und dem Hund speziell, über dessen Beziehung zum Menschen bereits im vorherigen Kapitel berichtet wurde.

In diesem Zusammenhang führt es aber zu weit, näher auf die veränderten sozialen und kulturellen Bedingungen in Deutschland einzugehen, die auch dazu geführt haben, dass Hunde in den letzten Jahren immer kontroverser diskutiert werden und ihre Rolle in der Gesellschaft sich sehr verändert hat.

Die Entwicklung der Tiergestützten Interaktionen allgemein und der Hundegestützten Pädagogik in Deutschland im Besonderen sind natürlich als Grundlage wichtige Puzzleteile für eine effektive Arbeit. Ich werde mich in diesem Kapitel also zunächst mit der geschichtlichen Entwicklung der allgemeinen Tiergestützten Interaktion auseinandersetzen und Begrifflichkeiten klären, bevor ich näher auf Veröffentlichungen und die Entwicklung der Schulhunde in Deutschland eingehe.

2.1. Entwicklung der Tiergestützten Intervention

Der Einsatz von Tieren zur psychischen Unterstützung des Menschen ist vereinzelt immer wieder in älteren Aufzeichnungen zu finden. Besonders bei Menschen mit dem Förderschwerpunkt Geistige Entwicklung wurden verschiedenste Tiere eingesetzt um die Menschen zu aktivieren und in den Alltag einzubinden. „In belgischen Klöstern wurden geistig kranke Waisenkinder vor allem durch die Mithilfe von Hunden erfolgreich therapiert. Aus dem 18. Jahrhundert ist aus England überliefert, dass ... das `York Retreat´ ... die Möglichkeit anbot, verschiedene Kleintiere zu halten" um die Patienten in die Betreuung und Versorgung der Tiere gezielt mit einzubeziehen. Auch Florence Nightingale und die Krankenanstalten von Bethel nutzten Tiere für den Heilungsprozess bzw. für die Therapie. (RÖGER-LAKENBRINK S. 13) Aber erst seit ca. 1960 wurden gezielt therapeutische Einsätze dokumentiert.

2.1.1. Entwicklung in den angelsächsischen Ländern

Nach einigen Zeitungsartikeln und wissenschaftlichen Berichten brachte 1969 das Buch des amerikanischen Kinderpsychotherapeuten Boris M. Levinson `Pet Oriented Child Psychotherapy´ den Durchbruch im Bereich der Tiergestützten Intervention. Beobachtungen des Therapeuten bei der Arbeit mit einem sozial beeinträchtigten Jungen und Levinsons Hund ließen ihn die Einsatzmöglichkeiten von Tieren als Co-Therapeuten erkennen. „Wissenschaftler aus ganz verschiedenen Disziplinen und Angehörige verschiedener Heilberufe begannen Experimente, Versuchsreihen und Dokumentationen. Das Psychologen-Ehepaar Sam und Elizabeth Corson, die Soziologin Erika Friedmann und der Mediziner Aaron H. Katcher setzten später mit ihren Berichten über die heilsame Wirkung von Tieren auf kranke und einsame Menschen die medizinische Welt in Erstaunen". (GREIFFENHAGEN/BUCK-WERNER S. 14)

1977 wurde in den USA die „Delta Society" gegründet, deren Ziel die Erforschung der Qualität der Beziehung zwischen Tierhaltern, Tieren und Pflegepersonen ist. Durch die Institution wurden erstmalig Standards und Richtlinien eingeführt, die im nächsten Kapitel noch näher erläutert werden.

1980 wurde zum ersten Mal ein Kongress mit dem Thema „Human/Companion Animal Bond" in London organisiert, der einiges Aufsehen erregte. „Heute umfasst die Gesellschaft Unterorganisationen in fast allen Staaten der westlichen Welt. Zahlreiche Publikationen und internationale Symposien begründeten im Laufe der achtziger und neunziger Jahre den wissenschaftlichen Ruf der Gesellschaft und ihres neuen Wissenschaftszweigs `Mensch-Tier-Beziehung´." (GREIFFENHAGEN/BUCK-WERNER S. 14) In allen angelsächsischen Ländern entstanden schnell zahlreiche Besuchsprogramme, die besonders Hunde als Co-Therapeuten einsetzten. Allgemein kam aber die Praxis schneller voran als die Theorie, obwohl wissenschaftliche Forscherteams der „Delta Society" ständig versuchten neue Erkenntnisse zu erforschen und weiterzugeben.

1983 wurde in England die Wohlfahrtsorganisation „Pet as Therapy" gegründet, die dort die ersten Besuchsprogramme organisierte.

1990 gründete sich die IAHAIO, der „Internationale Dachverband für die Erforschung der Mensch-Tier-Beziehung" mit Sitz bei der „Delta Society". „Der Dachverband fördert weltweit den Austausch wissenschaftlicher Erkenntnisse und deren Weiterbildung." (RÖGER-LAKENBRINK S. 15)

1991 wurde in Österreich auf Initiative von Dr. Gerda Wittmann der Verein „Tiere als Therapie" (TAT) gegründet und 1994 in der Schweiz der „Verein Therapiehunde Schweiz" (VTHS).

Die Gründung des europäischen Dachverbandes ESAAT (European Society for Animal Assisted Therapy) geschah 2005 mit dem Ziel allgemeine Qualitätsstandards in der Tiergestützten Therapie innerhalb Europas zu erreichen. Aufgrund inhaltlicher Differenzen spaltete sich aber ein Teil der Mitglieder ab und gründete 2006 die ISAAT (International Association for Animal Assistes Therapy).

Im Oktober 2007 fand eine internationale Mensch-Heimtier-Konferenz in Tokio statt, an der ca. 1.000 Experten aus mehr als 20 Ländern teilnahmen.

2.1.2. Entwicklung in Deutschland

Die Arbeit mit Tieren zur physischen, psychischen und sozialen Unterstützung der Menschen ist im deutschsprachigen Raum erst in den letzten zwei Jahrzehnten mehr in die Öffentlichkeit und in den Blick der Wissenschaft gerückt. Nur das Therapeutische Reiten hat in Deutschland schon eine etwas längere Tradition, denn „in der Bundesrepublik Deutschland gab es im Gründungsjahr" (1970) des Deutschen Kuratoriums für Therapeutisches Reiten e. V. „bereits 43 Einrichtungen, die das Pferd in den Dienst des behinderten Menschen stellten". Nach Frau Prothmann sind heute fast 90 % der therapeutisch eingesetzten Tiere Pferde. (PROTHMANN S. 100)

1987 wurde durch die Initiatorin Dr. Brigitte von Rechenberg in Würzburg der Verein „Tiere helfen Menschen e. V." ins Leben gerufen, der jetzt schon lange von Graham Ford geleitet wird und 1988 initiierte Dr. Große-Siestrup in Berlin den Verein „Leben mit Tieren e. V." Beide Vereine bauen Besuchsprogramme überwiegend mit Hunden in sozialen Einrichtungen auf und unterstützen die Tiergestützte Arbeit und Forschung sowie eine Vernetzung.

1988 wurde auch der Forschungskreis Heimtiere in der Gesellschaft gegründet. Er beschäftigt sich mit den sozialen Beziehungen zwischen Menschen und Heimtieren. Das Internetportal tiergestuetzte-therapie.de, das viele Texte, Termine, Adressen,

Fortbildungen und Literatur zum Thema ins Netz stellt, entstand 1999.

„Um das Jahr 2000 herum ist eine wachsende Anzahl von Vereinen, Verbänden, Instituten und Akademien entstanden, deren Initiatoren alle sichtlich bemüht sind, Ausbildungskriterien, Schulungsformen und Prüfungsrichtlinien" zur Ausbildung von Therapiehunden „zu etablieren – eine halbwegs einheitliche Basis ist allerdings bisher nicht entstanden!" (RÖGER-LAKENBRINK S. 16)

Das erste Netzwerk in Deutschland wurde 2005 von der Forschungsgruppe „TiPi – Tiere in Pädagogik integrieren" an der Heilpädagogischen Universität Köln gegründet. Leider ist bisher nach außen kaum eine Vernetzung über TiPi zu erkennen. Ebenfalls mit dem Ziel der Vernetzung wurde im gleichen Jahr unter der Leitung des deutschen Forschungskreises „Heimtiere in der Gesellschaft" das 1. D.A.CH. Symposium (Deutschland, Österreich, Schweiz) in Ismaning bei München organisiert, welches zum zweiten Mal im Jahr 2006 stattfand. Vom 17. bis 19. Mai 2007 wurde dann der größte deutsche Kongress zur Mensch-Tier-Beziehung „Mensch und Tier: Tiere in Prävention und Therapie" an der Humboldt Universität zu Berlin organisiert, der im September 2008 zum zweiten Mal stattfand.

2.2. Begriffsklärung Tiergestützte Intervention

Im Zusammenhang mit Tiergestützten Maßnahmen traten zunächst unterschiedliche Begriffe wie pet-facilitates-therapy, animal-assisted-therapy, pet-therapy usw. in Erscheinung. Die „Delta Society" erarbeitete jedoch Kriterien zur Definition Tiergestützter Interventionen, die sich tendenziell weltweit durchgesetzt haben.

Auf der Homepage werden zwei Bereiche der Tiergestützten Intervention unterschieden:

- **AAA (Animal-Assisted-Activities)** – „AAA provides opportunities for motivational, educational, recreational, and/or therapeutic benefits to enhance quality of life. AAA are delivered in a variety of environments by specially trained professionals, paraprofessionals, and/or volunteers, in association with animals that meet specific criteria." (www.deltasociety.org 06. 04. 2009)

Übersetzung nach Vernooij/Schneider:

AAA „bieten Möglichkeiten der Unterstützung bezogen auf motivationale, erzieherische, rehabilitative und/oder therapeutische Prozesse um dadurch die Lebensqualität der Betroffenen zu verbessern; durchgeführt von mehr oder weniger qualifizierten Personen, assistiert von Tieren mit spezifischen Merkmalen." (VERNOOIJ/SCHNEIDER S. 30)

- **AAT (Animal-Assisted-Therapie)** – AAT is a goal-directed intervention in which an animal that meets specific criteria is an integral part of the treatment process. AAT is directed and/or delivered by a health/human service professional with specialized expertise, and within the scope of practice of his/her profession.

  AAT is designed to promote improvement in human physical, social, emotional, and/or cognitive functioning (cognitive functioning refers to thinking and intellectual skills). AAT is provided in a variety of settings and may be group or individual in nature. This process is documented and evaluated." (www.deltasociety.org 06.04. 2009)

Übersetzung nach Vernooij/Schneider:

„AAT ist eine zielgerichtete Intervention, bei der ein Tier, welches spezifische Merkmale aufweist, integraler Bestandteil des Behandlungsprozesses ist. AAT ist gerichtet und/oder gebunden an qualifizierte Experten der Gesundheits- und Sozialdienste mit spezifischer Ausbildung, die das Tier in ihrem Berufs-/Praxisfeld einsetzen.

AAT wurde entwickelt zur Förderung des Fortschrittes bzw. zur Verbesserung der körperlichen, sozialen emotionalen und gegebenenfalls kognitiven Funktionen des Klienten/ Patienten.

AAT bietet eine Fülle von unterschiedlichen Einsatzsituationen/Einsatzmöglichkeiten und kann mit Einzelpersonen oder mit Gruppen durchgeführt werden. Der Behandlungsprozess ist zu dokumentieren und zu überprüfen." (VERNOOIJ/SCHNEIDER S. 31)

In Deutschland wird demgegenüber der Bereich der Tiergestützten Intervention allgemein in drei Hauptbereiche untergliedert, obwohl sich alle Verfasserinnen auf die „Delta Society" berufen.

Nach Inge Röger-Lakenbrink werden in Anlehnung an die „Delta Society" die folgenden Begriffe unterschieden (RÖGER-LAKENBRINK S.26ff):

- Animal-Assisted-Activities (AAA)/Tiergestützte Fördermaßnahmen
- Animal-Assisted-Therapie (AAT)/Tiergestützte Therapie
- Animal-Assisted-Pedagogy (AAP)/Tiergestützte Pädagogik

Auch bei Anke Prothmann werden nach der „Delta Society" drei Hauptformen therapeutischer Mensch-Tier-Kontakte unterschieden (PROTHMANN S. 87/88):

- Tiergestützte Aktivitäten
- Tiergestützte Therapien
- Tiergestützte Pädagogik

Im Weissbuch des IEMT Schweiz 3/2007 wird ebenfalls wiederholt von einer Unterscheidung von drei Bereichen gesprochen. Allerdings stimmen auch hier die Begrifflichkeiten nicht völlig überein. Es wird gesprochen von

- Tiergestützten Therapie Spezialisten/ tiergestützten Therapeuten
- Fachpersonen für tiergestützte Fördermaßnahmen
- Tiergestützten Aktivitäten

Zusammenfassend ergibt sich im Handbuch der Tiergestützten Intervention (VERNOOIJ/SCHNEIDER S. 34 ff) daraus eine Vierteilung der Begrifflichkeiten im deutschsprachigen Raum:

- Tiergestützte Aktivität – Verbesserung des allgemeinen Wohlbefindens
- Tiergestützte Förderung – Erzielen allgemeiner Entwicklungsfortschritte
- Tiergestützte Pädagogik – Erzielen spezifischer Lernfortschritte
- Tiergestützte Therapie – Stärkung der Lebensgestaltungskompetenz

Vernooij/Schneider stellen heraus, dass es „insbesondere zwischen den Formen der Tiergestützten Förderung, Tiergestützten Pädagogik und Tiergestützten Therapie Überschneidungsbereiche gibt". (VERNOOIJ/SCHNEIDER S. 48) „Entwicklungsfortschritte sind auch mit Lernen verbunden, Lernfortschritte im emotionalen und sozialen

Bereich werden unter Umständen auch in der Tiergestützten Therapie angestoßen. Persönlichkeitsentwicklung und Lernfähigkeit sind Voraussetzung für eine wie auch immer individuell geartete Lebensgestaltungskompetenz." Dies sind einige Punkte, die m. E. durch viele weitere ergänzt werden können. Eigentlich können alle vier oben genannten Erläuterungen der Begriffe z. B. auf die Wirkung von Hunden in der Schule zutreffen. Natürlich setzen die Pädagogen ihre Hunde in der Schule ein, um Fortschritte bei Schülern in verschiedenen Bereichen (allgemeine Entwicklung, spezielle Lernbereiche) zu erzielen, aber es geht ihnen auch um die Verbesserung des allgemeinen Wohlbefindens der Schüler und um die Stärkung der Lebensgestaltungskompetenz. Denn es ist bekannt, dass Lernen dadurch effektiver möglich ist und die Kompetenz zur Lebensgestaltung nicht nur von Fortschritten in der allgemeinen Entwicklung oder in speziellen Lernbereichen abhängt.

Zusammenfassend schlagen Vernooij/Schneider zunächst ebenfalls eine Dreiteilung der Begrifflichkeiten in Tiergestützte Aktivitäten, Pädagogik und Therapie vor, die der von Anke Prothmann entsprechen.

Danach untergliedern sie aber den Oberbegriff Tiergestützte Pädagogik noch einmal in Tiergestützte Förderung und Formen der Tiergestützten Interventionen in der Schule. Für den letzten Begriff schlagen sie schließlich alternativ den Begriff Tiergestützte Didaktik vor, denn „im weitesten Sinne umfasst Didaktik den Gesamtkomplex des Lehrens und Lernens im Zusammenhang mit der institutionalisierten Bildung". (VERNOOIJ/SCHNEIDER S. 48) Beim „Einbezug von Tieren in den Unterricht handelt es sich – schulpädagogisch gesehen – um eine Komponente der didaktischen Überlegungen. Sowohl bezogen auf die Inhalte und Ziele als auch bezogen auf die Methoden des jeweiligen Unterrichts". (VERNOOIJ/SCHNEIDER S. 49) Warum sie anschließend das Ziel der Tiergestützten Didaktik auf die „Initiierung und Unterstützung von sozial-emotionalen Lernprozessen" eingrenzen im Gegensatz zu den Zielen der Tiergestützten Pädagogik: der Unterstützung von Entwicklungsfortschritten und der Initiierung von Lernprozessen in unterschiedlichen Bereichen, ist etwas unverständlich.

Der einzige Begriff, der in allen oben angeführten Quellen übereinstimmt, ist also der Begriff AAT. Nach Röger-Lakenbrink wird diese Bezeichnung "verwendet, wenn der Einsatz des Tieres vor dem

Kontakt mit dem betroffenen Patienten eine genaue und begründete Zielsetzung hat und der Verlauf dokumentiert wird." (RÖGER-LAKENBRINK S. 27) Der Besitzer des Tieres ist selber Arzt, Therapeut, Lehrer, Sozialarbeiter oder Pädagoge oder wird von ihnen angeleitet. Der Begriff Animal-Assisted-Pedagogy (AAP) wird bei Röger-Lakenbrink als pädagogische Fördermaßnahme verstanden, „in der Gruppen von verhaltensinteressanten Kindern und Jugendlichen mit besonderen Bedürfnissen und leichten Handicaps durch das Medium Tier positiv in ihrer Entwicklung gefördert werden". Überwiegend werden Hunde von erfahrenen Erziehern, (Heil-)Pädagogen, Lehrern und Sozialarbeitern nach einer Ausbildung zum Therapie-Team gezielt eingesetzt. (RÖGER-LAKENBRINK S. 28) Die Unterscheidung dieser beiden Gruppen ist also auch hier nicht eindeutig! Prothmann versteht unter Tiergestützter Pädagogik alle pädagogischen Ansätze, „in denen Tiere als Hilfsmittel im Unterricht eingesetzt werden". (PROTHMANN S. 88)

Somit wird allgemein eine Einteilung der Mensch-Tier-Kontakte in drei Bereiche gesehen, aber die „Delta Society" führt auf ihrer Homepage nur zwei Bereiche auf und es ist nach den Definitionen, wie auch Vernooij/Schneider erläuterten, doch keine klare Abgrenzung der Bereiche möglich.

Da ich keine Therapeutin sondern Pädagogin bin, empfinde ich es als falsch, meine Arbeit mit dem Hund in der Schule als Therapie zu bezeichnen, auch wenn die Grenzen zwischen Pädagogik und Therapie besonders in Förderschulen fließend sind! Es ist auch nur in geringem Umfang möglich, den Verlauf des Schulhundeinsatzes zu dokumentieren und bestimmte Zielsetzungen zu verschriftlichen, weil dazu neben der normalen Unterrichtsplanung und dem Ablauf des Unterrichts einfach die Zeit fehlt. Auch wenn Förderziele natürlich im Kopf der Pädagogin vorhanden sind, findet in der Regel keine Verschriftlichung und Überprüfung der erreichten Ziele statt. Häufig fehlt sogar allgemein ein spezielles Konzept zum Einsatz der Hunde in der Schule.

Interessant erscheint mir ein Ansatz von Kobi von 1979 (nach WILLE S.38) zum Verhältnis von Therapie und Erziehung. Analog dazu ist nach Susanne Wille vielleicht ansatzweise eine begriffliche Klärung zwischen tiergestützter Therapie und tiergestützter Pädagogik möglich und dadurch auch eine Differenzierung zwischen Therapiehund und Schulhund?!

Therapie		Pädagogik
indikativ	<---------->	imperativ
additiv	<---------->	immanent
sanitär	<---------->	edukativ
restaurativ	<---------->	innovativ
kausal	<---------->	final-prospektiv
reparativ	<---------->	emanzipatorisch
objektiv	<---------->	subjektiv
medial	<---------->	personal
sporadisch	<---------->	kontinuierlich
partikulär	<---------->	ganzheitlich
funktional	<---------->	interaktional

Es sprengt den Rahmen dieses Buches detaillierter auf die Unterscheidung von Therapie und Pädagogik einzugehen, denn da es nicht „die Schule" und „den Schüler" gibt, gibt es auch nicht „den Schulhund", sondern immer einen individuell unterschiedlichen Einsatz nach Schulform, Schüler, Pädagogin, Hund und zeitlichem Umfang, der somit nicht pauschal nach den oben genannten Kriterien untersucht werden kann. Dieses Thema müsste in einer speziellen Arbeit näher betrachtet werden.

Da in der Regel in der Schule Pädagoginnen arbeiten, eine Dokumentation und Evaluation der Hundeeinsätze neben dem regulären Unterricht kaum möglich ist und der Einsatz der Hunde allgemein ganzheitlich, immanent zu sehen ist und nicht partikulär, sanitär bezogen auf die Behandlung von klar eingegrenzten Krankheiten, Verletzungen, gehe ich zurzeit von dem Begriff Hundegestützter Pädagogik/Hupäsch aus! Der von Vernooij /Schneider zusätzlich vorgeschlagene Begriff Tiergestützte Didaktik als Unterbegriff zur Tiergestützten Pädagogik verkompliziert die sowieso nicht klare Differenzierung m. E. zurzeit nur zusätzlich. Allerdings ist die Richtung, dass der Einsatz der Hunde sowohl in den Bereich der Inhalte und Ziele als auch in den Bereich der Methoden gehört, interessant.

Lehrerinnen sind Pädagoginnen und keine Therapeutinnen. Im Schulgesetz des Landes Nordrhein-Westfalen steht in § 2, dass die Schule junge Menschen nach allgemeinen Bildungs- und Erziehungszielen unterrichtet und erzieht. Diese haben gemäß § 1 „ein Recht auf schulische Bildung, Erziehung und individuelle Förderung". Somit handelt es sich eindeutig um den Bereich der Pädagogik, bei der es um eine umfassende Erziehung der Schüler geht. Eine Therapie ist allgemein eine Maßnahme zur Behandlung eines klar eingegrenzten Problems. Hundegestützte Therapie kommt im schulischen Bereich allgemein nur in einigen Förderschulen vor, in denen Therapeuten eingesetzt werden, um Beeinträchtigungen von Schülern speziell zu lindern.

Auf Dauer ist es vielleicht hilfreich einfach speziellere Begriffe wie Hundegestützte Pädagogik in der Schule, Schulhunde etc. einzusetzen, da bisher m. E. eine klare Zuordnung zur AAT nur begrenzt möglich bzw. sinnvoll erscheint.

2.3. Theorien zur Mensch-Tier-Beziehung

Besonders in den letzten Jahrzehnten wurde versucht die besondere Beziehung zwischen Menschen und Tieren, durch Hypothesen oder Modelle zu erklären. Zum besseren Verständnis des Gesamtzusammenhanges sollen sie hier in Anlehnung an das Handbuch der Tiergestützten Interventionen von Vernooij/Schneider kurz erläutert werden.

2.3.1. Biophilie-Hypothese

Edward O. Wilson geht in seiner Biophilie-Hypothese von 1984 davon aus, „dass der Mensch über Millionen von Jahren hinweg eine biologisch begründete Verbundenheit mit der Natur und eine Bezogenheit zu all jenen in ihr beheimateten Lebewesen ausbildete, die ihn im Laufe seines evolutionären Entwicklungsprozesses geprägt und beeinflusst haben". Dabei handelt es sich aber „nicht um einen einfachen Instinkt, sondern um ein komplexes Regelwerk, welches das Verhalten, die Gefühle, aber auch die geistigen Fähigkeiten, die Ästhetik und sogar die spirituelle Entwicklung des Menschen betrifft". (VERNOOIJ/SCHNEIDER S. 4)

Diese ererbte emotionale Affinität zur Natur ist ein Erklärungsansatz dafür, dass besonders heute im Zeitalter der Industrialisierung und Massenmedien die Begegnungen mit Tieren allgemein positive Wirkungen erzielen und in vielfältiger Weise gesundheitsfördernd wirken können.

Kellert hat 1993 neun Aspekte dieser Verbundenheit herausgestellt, die im Zusammenhang mit Tiergestützten Interventionen mehr oder weniger zum Tragen kommen: (nach VERNOOIJ/ SCHNEIDER S. 6/7)

- Utilitaristischer Aspekt (nützliche Verbundenheit z. B. Nahrung)
- Naturalistischer Aspekt (natürliche Verbundenheit bringt Entspannung ...)
- Ökologisch-wissenschaftlicher Aspekt (Analyse der Strukturen bringt Wissen)
- Ästhetischer Aspekt
- Symbolischer Aspekt
- Humanistischer Aspekt (tief erlebte emotionale Verbundenheit)
- Moralischer Aspekt (Ehrfurcht und Verantwortung)
- Dominanz-Aspekt (Beherrschung der Natur)
- Negativistischer Aspekt (Angst vor bestimmten Aspekten der Natur)

2.3.2. Du-Evidenz

Nach Greiffenhagen bezeichnet die Du-Evidenz „die Tatsache, dass zwischen Menschen und höheren Tieren Beziehungen möglich sind, die denen entsprechen, die Menschen unter sich bzw. Tiere unter sich kennen". (VERNOOIJ/SCHNEIDER S. 7) Der Begriff wurde 1922 von Karl Bühler für den zwischenmenschlichen Bereich geprägt und dann 1931 von Geiger auf die Mensch-Tier-Beziehung übertragen. Besonders die persönlichen Erlebnisse, die subjektiven Einstellungen und die authentischen Gefühle sind entscheidend für die Entwicklung der Du-Evidenz. Nach Brockmann ist der Vorgang „autonom und deutlich gefühlsbegleitet. Es bedarf eines erheblichen Aufwandes ihn zu kontrollieren". (VERNOOIJ/SCHNEIDER S. 8)

Voraussetzung für die Du-Evidenz ist eine gemeinsame Basis auf der eine Beziehung entwickelt werden kann. Die facettenreichen Identifikationsmöglichkeiten, z. B. mit Hunden und Pferden, können bei Tiergestützten Interventionen gewinnbringend für beide Seiten genutzt werden.

2.3.3. Bindungstheorie

Andrea Beetz versucht Aspekte der Bindungstheorien zur Erklärung der Mensch-Tier-Beziehung heranzuziehen, die auf Bowlby (1968) zurückgehen. Nach Rauh (2002) besagt das Konzept der Bindungstheorie, „dass die frühen sozial-emotionalen Interaktions-erfahrungen eine Erwartungsfolie oder ein Erwartungsmodell für künftige Beziehungen zu möglichen Vertrauenspersonen bilden. Dieses anfängliche Arbeitsmodell reichert sich im Verlauf der Entwicklung des Kindes an".

Die Übertragung auf die Mensch-Tier-Beziehung beinhaltet, dass Tiere für den Menschen Bindungsobjekte darstellen und positive Bindungserfahrungen mit einem Tier möglicherweise auf die soziale Situation mit Menschen übertragen werden können. (VERNOOIJ/SCHNEIDER S. 11)

2.3.4. Spiegelneurone

Spiegelneurone sind Nervenzellen, die während der Beobachtung eines Vorganges die gleichen Potentiale auslösen wie bei einer aktiv ablaufenden Tätigkeit. „Nach Gaschler (2006) vermuten Neurowissenschaftler, dass Spiegelneurone es dem Individuum erlauben, die Aktionen anderer zu simulieren und dadurch fremde Absichten nachzuvollziehen." (VERNOOIJ/SCHNEIDER S. 12)

Spiegelneurone reagieren automatisch, sind also nur begrenzt beeinflussbar, weil sie scheinbar nicht der kognitiven Steuerung unterliegen. „Das bedeutet, dass die Spiegelung von Emotionen ein willkürlich und unbewusst ablaufender Vorgang ist, basierend auf einem biologischen bzw. hirnphysiologischen Spiegelsystem, welches zur Grundausstattung des Menschen gehört." „Die angeborenen Spiegelsysteme des Säuglings können sich nur dann entfalten und weiterentwickeln, wenn sie durch geeignete soziale Interaktionen stimuliert werden." (VERNOOIJ/SCHNEIDER S.12)

2.4. Veröffentlichungen Hupäsch im deutschsprachigen Raum

Erst seit wenigen Jahren tauchen die Begriffe „Schulhund", „Klassenhund", „Therapiehund" etc. regelmäßiger im deutschsprachigen Raum auf, wobei sie leider bisher mit verschiedener Bedeutung eingesetzt werden. Nach meinem Wissen begann die Hundegestützte Pädagogik in der Schule mit den vielfältigen Berichten über Bernd Retzlaff und seine Labradorhündin Jule. Einige Kolleginnen sind scheinbar, wie ich, dadurch animiert worden und ihre Hunde feierten im Jahr 2007 das fünfjährige Dienstjubiläum.

2.4.1. Jule in der Schule

Durch zahlreiche Berichte wurde 2002 auf Bernd Retzlaff und seine Labradorhündin Jule aufmerksam gemacht, die regelmäßig mit in die Klasse einer Hauptschule in Sulzburg kam. Der Impuls hierfür ging von einer Studie des Züricher Konrad-Lorenz-Kuratoriums von 1998 aus, in der die positiven Auswirkungen von Hunden in 30 Primarschulen der Schweiz dokumentiert wurden.

Herr Retzlaff erläuterte 2002 in Berlin auf einem Seminar zum Thema „Tiere in der Schule", dass der Hund Hilfestellung bei der Integration von Erziehungsarbeit und Stoffvermittlung leistet. Er schafft durch seine Anwesenheit eine lockere Atmosphäre, so dass Aggressionen zurückgehen, der Geräuschpegel sinkt und die Stoffvermittlung besser erfolgen kann. Der Hund fördert die psychische Stabilität der Schüler, indem er beruhigt, das Selbstwertgefühl fördert, soziale Interaktionen aufbricht und zärtliche Gefühle auch bei „coolen Jungs" zulässt. Die Schulangst wird verringert und die Kommunikationsfähigkeit auf vielfältige Weise gefördert. Verantwortungsbewusstsein, Rücksichtnahme und soziale Kompetenz wird durch die Hunde in der Klasse aufgebaut.

Für mich ist Jule der erste bekannte Schulhund in Deutschland, mit dem tiergestützt in Schulen gearbeitet wurde. (Seminar Hunde in der Schule, Berlin 2002 unter www.mensch-heimtier.de 02. 03. 2009)

2.4.2. Untersuchung Ortbauer/Kotrschal

Brita Ortbauer untersuchte im Rahmen ihrer Diplomarbeit die Auswirkungen von Hunden auf die soziale Integration von Kindern in Schulklassen und veröffentlichte ihre Ergebnisse u. a. in dem Buch „Menschen brauchen Tiere". Sie konnte ihre Untersuchung durch die Unterstützung der Schulleitung, der Klassenlehrerin, der Eltern, des IEMT, der Universität Wien und der Konrad-Lorenz-Forschungsstelle durchführen.

In einer Klasse der Europaschule in Wien wurde über ein Semester dreimal pro Woche eine Unterrichtsstunde mit der Videokamera dokumentiert. 24 Schüler befanden sich in einer offenen Unterrichtssituation mit drei abwechselnd anwesenden Hunden. Diese gehörten der Lehrerin Veronika Poszvek. Die Beziehung zwischen überwiegend ausländischen Schülern und Hunden gestaltete sich individuell unterschiedlich, allgemein ergaben sich aber nach Auswertung der Aufzeichnungen folgende Punkte:

- Die Schüler besuchten die Schule lieber.

- Ruhige, unbeteiligte Schüler wurden aus der Isolation geholt.

- Auffälligkeiten anderer Schüler reduzierten sich.

- Die Schüler beschäftigten sich weniger allein, sondern hatten mehr positive Sozialkontakte.

- Die Lehrerin wurde als „Herrin des Hundes" mehr geachtet.

Es waren also keine negativen, sondern nur positive Auswirkungen durch die Hunde in der Schule zu verzeichnen, wie die Veröffentlichung von Anfang 2002 deutlich macht. (OLBRICH/OTTERSTEDT S. 267-272)

2.4.3. Andrea Vanek-Gullner – TGHP

Frau Vanek-Gullner entwickelte das pädagogische Konzept der Tiergestützten Heilpädagogik (TGHP) von 2000 bis 2002 als Klassenlehrerin und evaluierte es in einer Dissertation. In einer ersten Schulstufe mit 16 Schülern unterstützte ein Hund die Integration verhaltensauffälliger Schüler in die Klassengemeinschaft. Das Konzept stützt sich auf zwei Säulen: die Klassen- und die Einzelarbeit.

An einem Wochentag ist der Hund regelmäßig während des Unterrichts anwesend und wird auch durch gelenkte Aktivitäten eingebunden. Zusätzlich findet fünf- bis sechsmal eine halbe Unterrichtseinheit nach Unterrichtsschluss in Einzelarbeit mit Lehrerin, Schüler und Hund statt. Das Konzept umfasst acht Arbeitsebenen auf denen heilpädagogische Übungen stattfinden. Das Ziel der Arbeit mit dem Hund ist die Klassengemeinschaft.

Durch die Einzelarbeit soll die Lebensqualität des bedürftigen Schülers verbessert werden. Es wird das Ernstnehmen und

Artikulieren der eigenen Bedürfnisse gefördert, Selbstbewusstsein wird über persönliche Stärken aufgebaut, der Mut zur Bewältigung neuer Aufgaben gestärkt und so die Anpassung an die Lebensumstände verbessert.

Nach Verwirklichung des Konzepts über zwei Schuljahre zeichneten sich deutliche Erfolge ab. Nach Einzelarbeit mit dreizehn Kindern registrierten Eltern und Klassenkollegin eine Stärkung des kindlichen Selbstbewusstseins. Jeder Schüler freute sich auf die Einzelarbeit und einnässende und einkotende Schüler waren sauber. Ängstliche Kinder zeigten im Klassenverband sichereres Auftreten und vermehrtes Kommunikationsverhalten. Außenseiter gewannen als Hundeexperten das Ansehen der Gemeinschaft. Sozial verwahrloste Kinder präsentierten sich nach der Einzelarbeit auffallend stolz und fröhlich. Aggressive Schüler zeigten sich dem Hund gegenüber auffallend liebevoll und zärtlich und artikulierten in der Einzelarbeit ihre eigenen Ängste. (VANEK-GULLNER 2003)

2007 hat Frau Vanek-Gullner in dem Buch „Lehrer auf vier Pfoten" noch einmal über die Theorie und Praxis der Hundegestützten Pädagogik berichtet und Aspekte der Ausbildung des Hundes und der Lehrerin und der praktischen Arbeit näher erläutert.

2.4.4. Julia Volk: Der Einsatz von Schulhunden in Deutschland

Auf dem Kongress „Mensch und Tier" im Mai 2007 in Berlin berichtete Julia Volk in einem Workshop über den „Einsatz von Schulhunden in Deutschland". Die Forschungsgruppe „Tiere in der Pädagogik" der Friedrich-Alexander-Universität in Erlangen-Nürnberg untersuchte mittels einer Telefonbefragung die Verbreitung von Schulhunden in Deutschland. Dabei ging es unter anderem um die Verbreitung in den Bundesländern, Hunderassen, Schularten usw. An der Befragung nahmen 27 Lehrerinnen teil.

Nach den Ergebnissen von Frau Volk werden Schulhunde besonders in den westlichen Bundesländern Baden-Württemberg, Nordrhein-Westfalen und Niedersachsen eingesetzt. Es zeigt sich eine Zentrierung auf die Rassen Border-Collie, Labrador und Retriever. Bei den Schulformen halten sich allgemeinbildende Schulen und Förderschulen die Waage. Nach ihren Angaben sind die Hunde relativ gut ausgebildet, „denn neben dem obligatorischen Besuch einer Welpen- und Hundeschule haben ungefähr 60 Prozent der Hunde

eine Ausbildung als Therapiehund, Begleithund oder sogar beides".
(Kongress Mensch und Tier Vorträge 2007 S. 30)

2.5. Entwicklung der Schulhunde in Deutschland

Auch in Presse, Funk und Fernsehen kommt es in der letzten Zeit
vermehrt zu Berichten über Tiere allgemein und natürlich auch über
Hunde, die bei Kindern, Jugendlichen, Behinderten und alten
Menschen vieles zum Positiven verändern. Die Artikel oder
Sendungen informieren die Bevölkerung recht euphorisch darüber,
dass Tiere positive Wirkungen zeigen und Gefahren und
Hygieneprobleme demgegenüber sehr gering sind.

Hunde in der Schule führen auch heute noch manchmal zu Protesten
und Leserbriefen von Eltern, aber viele Menschen haben schon
erkannt, dass mit einem Hund in einer Klasse nicht das Lernen
vergessen wird, sondern durch viele positive Effekte des Hundes
sogar verbessert werden kann, wie Kotrschal/Ortbauer 2001 in ihrer
Untersuchung an der Europaschule in Wien festgestellt haben
(OLBRICH/OTTERSTEDT S. 267 ff).

Schon Corson et al. sprachen sich um 1980 für einen therapeutischen
Einsatz von Hunden aus, da „ihrer Meinung nach sowohl die großen
Auswahlmöglichkeiten von verschiedenen Hunderassen (unterschied-
lich in der Größe und der Art, sich zu verhalten), als auch das breite
Spektrum möglicher Reaktionen" (BERGLER S. 52) sehr hilfreich für
einen effektiven Einsatz sind.

In Handbüchern der Pädagogik finden sich zurzeit noch kaum
Stichwörter zum Bereich der Tiergestützten oder Hundegestützten
Pädagogik und ein eigenständiges Profil der Hundegestützten
Pädagogik in der Schule zeichnet sich zwar langsam ab, steckt aber
durch die geringe Anzahl der über Jahre eingesetzten Schulhunde
und eine unzureichende Vernetzung immer noch in den Anfängen.
Dies liegt unter anderem daran, dass mittlerweile einige Kolleginnen
versuchen Hunde in die Schule einzubinden, aber neben dem
allgemein recht stressigen Schulalltag die Zeit und Energie, sowie
Möglichkeiten fehlen, um sich intensiver mit der Hundegestützten
Pädagogik in der Schule auseinanderzusetzen. So bleiben von dieser
Seite Impulse weitgehend aus.

In diesem Kapitel geht es zunächst um eine Begriffsklärung im
Bereich Hupäsch und um die qualitativen und quantitativen

Entwicklungen zum Thema „Schulhund" in den letzten Jahren in Deutschland, um so die momentane Basis für die Hundegestützte Pädagogik in der Schule zu verdeutlichen.

2.5.1. Begriffsklärung Hunde in der Schule

In diesem recht neuen Bereich der Tiergestützten Arbeit in Deutschland werden die Begrifflichkeiten noch nicht einheitlich verwandt. Oben habe ich bereits erläutert, dass ich den Begriff Tiergestützte Pädagogik aus verschiedenen Gründen für adäquat halte. Aber auch die Begriffe Schulhund, Klassenhund, Therapiehund … müssen zunächst genauer betrachtet werden, um Unklarheiten auf Dauer zu beseitigen.

2.5.1.1. Schulhund und Schulbesuchshund

Der Begriff „Schulhund" ist zunehmend positiv besetzt. Auf der Straße versuchen Hundebesitzer ängstliche Kinder dadurch zu beruhigen, dass sie darauf hinweisen, dass ihr Hund ein Schulhund ist. In der Zeitung und im Internet wird für Welpen geworben, in dem der Einsatz der Elterntiere als Schulhund betont wird. Bei näherer Betrachtung stellt sich allerdings heraus, dass der Begriff, der in den letzten ca. zehn Jahren vermehrt benutzt wird, vielfältige Bedeutungen hat.

Schon immer gab es an Schulen Hunde. Diese gehörten in der Regel dem Hausmeister, lebten früher häufig im Zwinger und dienten als Wachhunde für die Schule. Zunehmend werden die Hunde in unserer Gesellschaft zu Familienhunden und so wandeln sich auch häufig die Hunde der Hausmeister. Immer häufiger laufen sie frei auf dem Schulgelände herum und die Schüler nutzen jede Chance Kontakt zu ihnen aufzunehmen. An der Grundschule Hämelerwald in Lehrte wurde 2004 vom Hausmeister extra ein sehr sozialverträglicher Hund angeschafft, da man im Kollegium von den positiven Auswirkungen von Hunden gehört hatte. Die Schule und die „Schulhündin Sarah" wurden durch Presse und Fernsehen bekannt.

Allgemein wird der Begriff „Schulhund" heute für Hunde benutzt, die mit ihren Besitzern ehrenamtlich eine oder mehrere Stunden zum Thema Hund in der Schule gestalten (AAA). Sie wollen helfen, Schülern Wissen zum Thema Hund zu vermitteln und richtiges Verhalten gegenüber dem Hund einzuüben. Manchmal spricht man in diesem Zusammenhang auch von Besuchshunden oder Schulbesuchshunden.

Verschiedene Vereine prüfen die Hunde, die an diesen Aktionen teilnehmen und bilden die Besitzer weiter. Der Verein „Hunde helfen Menschen" wurde z. B. 1997 gegründet und wollte mit der Aktion „Keine Angst vorm großen Hund" der Hysterie gegenüber großen Hunden entgegenwirken. Auch Mitglieder des Vereins „Tiere helfen Menschen" (gegründet 1987) besuchen mittlerweile regelmäßig Schulen, nachdem ursprünglich der Schwerpunkt im Bereich der Alten- und Behindertenarbeit lag. In den letzten Jahren haben auch der VDH und der DVG sowie andere Vereine Besuchshundeteams, die von den Schulen angefordert werden können.

Auch wenn eine andere Art von Schulhunden nicht direkt etwas mit den Kindern und Jugendlichen zu tun hat, sollen sie vollständigerweise erwähnt werden. Schulhunde werden auch an Hundeschulen eingesetzt, um andere Hunde in richtigem Verhalten zu schulen. Wie bei allen Schulhunden muss es sich hierbei um ruhige, souveräne Tiere handeln, die durch ihr adäquates Verhalten das unangemessene Verhalten anderer Hunde positiv beeinflussen und somit den Hundetrainer unterstützen. Hier zeigen sich also doch gewisse Parallelen.

Der Begriff Schulhund im Rahmen der „Animal-Assisted-Pedagogy" ist bisher noch nicht so sehr verbreitet. Da die Hundegestützte Pädagogik erst seit ca. 7 Jahren vermehrt in der Schule zum Einsatz kommt und der Begriff eigentlich durch die Animal-Assisted-Activities der ehrenamtlichen Besucher mit ihren Hunden besetzt ist, ist bisher keine klare Abgrenzung möglich.

2.5.1.2. Klassenhund

Der erste mir bekannte Schulhund in Deutschland, der pädagogisch eingesetzt wurde, war der „Klassenhund Jule", wie bereits berichtet. Die Bezeichnung Klassenhund weist darauf hin, dass sich der Hund überwiegend in einer Klasse aufhält und seine Besitzerin sowie die Schüler regelmäßig begleitet. Überwiegend werden Hunde auch in Schularten eingesetzt, wo das Klassenlehrerprinzip vorherrscht. Dadurch gehören sie mit ihrer Besitzerin, der Lehrerin, zu einer Klasse und eine gute Bindung zwischen Schülern und Hund ist möglich. An der Michael-Ende-Schule in Bad Schönborn wird seit 2006 der Klassenhund Charlie eingesetzt, über dessen Einsatz sehr ausführlich auf der eigenen Homepage www.unser-klassenhund.com berichtet wird.

2.5.1.3. Therapiehund und Therapiebegleithund

Immer wieder taucht bei Recherchen im Internet im Zusammenhang mit der Schule auch der Begriff Therapiehund oder Therapiebegleithund auf. Dies ist besonders an Förderschulen mit dem Förderschwerpunkt geistige oder körperliche und motorische Entwicklung so. Dort werden nicht nur Pädagoginnen eingesetzt, sondern auch verschiedenste Therapeutinnen, die versuchen, die Entwicklung der Schüler zu fördern, wie z. B. an der Hansa-Schule in Frankfurt an der Oder. Die Bezeichnung Therapiehund bzw. Therapiebegleithund hängt dabei auch mit dem Ausbildungsansatz zusammen. Nach Wikipedia ist ein „Therapiehund ein Haushund, der gezielt in einer tiergestützten medizinischen Behandlung (beispielsweise im Rahmen einer Psychotherapie, Ergotherapie, Physiotherapie, Logopädie oder Heilpädagogik) eingesetzt wird". (http://de.wikipedia.org 27.12.2007)

Einige Ausbilder betonen aber, dass der Hund den Therapeuten bei seiner Arbeit begleitet, und er somit immer nur entsprechend der Qualifikation der Besitzerin eingesetzt werden kann – also als Therapiebegleithund, wie z. B. an der Albatros-Schule in Bielefeld. In diesem Zusammenhang könnte man dann auch von einem Schulbegleithund oder Lehrerbegleithund sprechen, aber dieser Begriff taucht bisher kaum auf.

Die Begriffe Therapiehund/Therapiebegleithund werden meiner Meinung nach auch immer wieder deshalb in den Schulen genannt, da es bisher keine spezielle Ausbildung für Hunde gibt, die Lehrerinnen bei ihrer Arbeit in der Schule unterstützen. Die einzige Möglichkeit einer speziellen Ausbildung läuft zurzeit über die Möglichkeit der Therapiehundteams/Therapiebegleithundteams. Wenn der Begriff Schulhundteam im Bereich der Ausbildung benutzt wird, handelt es sich in der Regel bisher um die Ausbildung von Hundebesitzerinnen, die ehrenamtlich für eine oder wenige Stunden mit ihrem Hund in die Schule gehen.

2.5.1.4. Hupäsch

Der Begriff „Hundegestützte Pädagogik in der Schule" taucht in den letzten Monaten immer häufiger auf, da der Begriff „Schulhund" ja nicht eindeutig auf diesen Bereich hinweist, sondern überwiegend für Hunde benutzt wird, deren Besitzerinnen ehrenamtlich für eine oder wenige Stunden in Schulen kommen und in den Bereich AAA gehören. Leider ist dieser Begriff sehr lang und somit unpraktisch in der Benutzung. Deshalb werde ich in diesem Buch auf Dauer häufiger den Begriff „Hundegestützte Pädagogik in der Schule" durch die Abkürzung „Hupäsch" ersetzen. Wie alle Abkürzungen hat dies Vor- und Nachteile und es wird sich zeigen, ob sich dieser Begriff auf Dauer als Abgrenzung zu anderen Hundegestützten Bereichen der Pädagogik durchsetzen kann.

2.5.1.5. Zusammenfassung Begriffsklärung Schulhund

Der Begriff „Schulhund" wird auch in der Tiergestützten Pädagogik immer häufiger benutzt, obwohl dadurch bisher eine klare Abgrenzung zu den Schulhunden der ehrenamtlichen Schulbesuchsdienste in der Schule nicht möglich ist. Der Begriff deutet im Gegensatz zum Begriff „Klassenhund" darauf hin, dass der Hund ein Teil der Schule ist. So werden viele Hunde auch von den Schülern der Schule gesehen, denn in der Regel halten die Hunde sich zwar überwiegend in einer Klasse auf, aber nicht ständig. Sie sind überall in der Schule präsent und bereichern das Schulleben, da sie in der Regel mit ihrem Besitzer zeitweise auch in anderen Klassen oder Gruppen tätig sind. Manchmal gehören die „Schulhunde" auch den Schulleitern, so dass der Begriff „Klassenhund" sowieso unangebracht ist.

Der Begriff „Therapiehund" ist an Schulen überwiegend unzutreffend, da es dort primär um Erziehung geht und nicht um Therapie.

Der Begriff „Päddog" wäre auch noch denkbar, bezieht sich aber nicht nur auf die Schule sondern auch auf andere pädagogische Bereiche. Somit erscheint mir der Begriff „Schulhund" zurzeit immer noch am treffendsten für Hunde, die die pädagogische Arbeit der Lehrerinnen in der Schule unterstützen, auch wenn er gleichzeitig noch für die „Schulbesuchshunde" eingesetzt wird, die bereits seit 1997 in Schulen aktiv sind. Hier ergibt sich eine Fragestellung für die Evaluationsforschung, um auf Dauer Begriffe in diesem Bereich treffender einzusetzen.

2.5.2. Quantitative Entwicklung

Nachdem 2002 Berichte über Bernd Retzlaff und Jule auf die Hundegestützte Pädagogik in der Schule aufmerksam machten, Brita Ortbauer ihre Untersuchung an der Europaschule in Wien abschloss und Andrea Vanek-Gullner 2003 ihre Dissertation veröffentlichte, haben mehrere Kolleginnen Hunde mit in die Schule genommen.

Mein Hund Sandy begleitet mich seit Ende 2002 in die Brabeckschule, eine Förderschule mit dem Förderschwerpunkt Lernen, und es gab zu der Zeit keine spezielle Literatur zu dem Thema. Im Internet waren mit der Zeit immer wieder kleine Teilbereiche zu finden, aber weitgehend war ich bei der Hundegestützten Pädagogik auf mein Grundwissen und mein „Bauchgefühl" angewiesen.

Bedingt durch eine längere Einzelkämpfersituation und einen fehlenden Austausch zum Thema machte ich mit meinem Hund 2005 eine berufsbegleitende Fortbildung „Teamtrainer Tiergestützte Interaktion mit Hund" bei Symbiosys in München, die zum ersten Mal angeboten wurde. Dort begegnete ich zwei weiteren Kolleginnen, die zeitweise auch durch ihre Hunde in die Schule begleitet wurden. Aktiviert durch viele neue Impulse der Fortbildung versuchte ich über

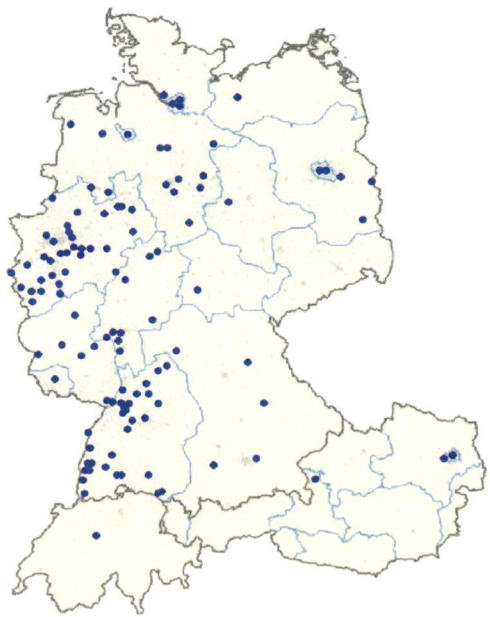

das Internet weitere Kolleginnen in Deutschland zu finden, die ebenfalls hundegestützt in der Schule arbeiten, um mich mit ihnen zu vernetzen und einen Austausch zum Thema zu führen. So entstand Ende 2005 die Homepage www.schulhundweb.de.

Anfang 2006 waren im Schulhundweb ca. zehn Schulen aufgeführt, an denen Schulhunde regelmäßig am Unterricht teilnahmen. Schon zu dieser Zeit zeigte sich das Problem, dass nicht alle Schulen veröffentlicht werden wollten, da z. B. die Schulaufsicht nicht informiert war oder dem Projekt zugestimmt hatte; Kolleginnen sich auf dem Gebiet der Hundegestützten Pädagogik nicht sicher genug fühlten, um an die Öffentlichkeit zu gehen; kein Interesse an einer Vernetzung bestand.

Seit September 2006 ist die Homepage neu nach dem Wikipediasystem umgestaltet und Mitte April 2009 waren dort 125 Schulen aufgeführt, in denen Schulhunde eingesetzt werden.

Zunehmend tragen sich Kolleginnen dort selber ein, aber vielfach erhielt ich in den Anfängen die Erlaubnis erst nach intensiverem Nachfragen. Bekannt sind mir in Deutschland, Österreich und der Schweiz mittlerweile über 200 Schulen, an denen hundegestützt gearbeitet wird. Da dies nur die Schulen sind, über die etwas im Internet berichtet wird, gehe ich von einem weit größeren Dunkelfeld aus.

Dr. Inge Strunz stellte bei einer Befragung von fast 200 Grund-, Haupt-, Real- und Förderschulen der beiden Schulamtsbezirke Friedrichshafen und Ravensburg (Baden-Württemberg) Ende 2008 fest, dass 10 Schulen „beste bzw. sehr gute Erfahrungen" mit einem Schulhund gemacht haben und 7 Schulen großes Interesse am Einsatz eines Hundes haben. Wenn wir diese Zahlen auf Deutschland übertragen, würde es bedeuten, dass an ca. 5 Prozent der Schulen bereits regelmäßig Hunde eingesetzt werden. Vielfältige Berichte in den Medien scheinen diesen Trend zu bestätigen.

In meiner Abschlussarbeit des Kontaktstudiums Tiergestützte Pädagogik und Therapie an der Ev. Hochschule Freiburg Anfang 2008 habe ich versucht die quantitative Entwicklung der Schulhunde in Deutschland darzustellen. Es zeigte sich deutlich ein Schwerpunkt des Schulhundeinsatzes im Westen Deutschlands. Besonders in Baden-Württemberg und NRW werden in den letzten Jahren Schulhunde scheinbar verstärkt eingesetzt.

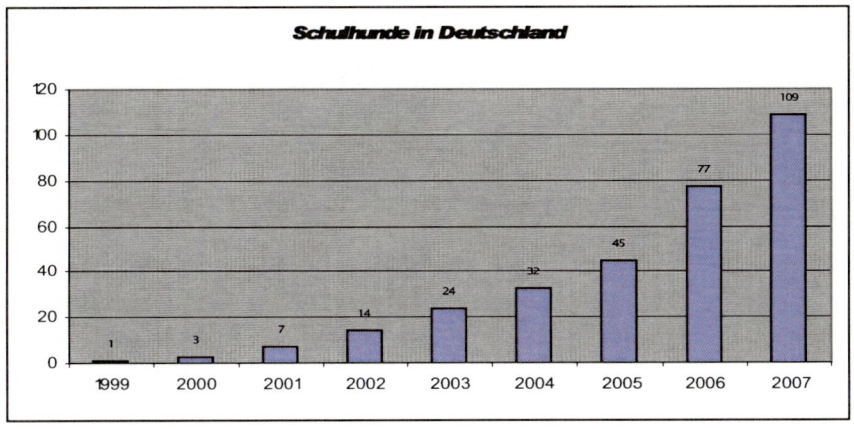

Bei der Recherche des Einsatzes von Schulhunden stellte sich heraus, dass Herr Hund in Köln schon 1999 seinen Mischling Sadie regelmäßig mit in die Schule nahm. Es ergab sich in Deutschland in den letzten Jahren somit richtungsweisend folgende Entwicklung:

1999	**1 Schulhund**	Mischling Sadie (mittlerweile verstorben), Herr Hund, Köln
2000	**+ 2 Schulhunde**	Labradore Jule (verst.) und Nina, Bernd Retzlaff, Sulzburg
2001	**+ 3 Schulhunde**	Mischling, Labrador, Golden Retriever
2002	**+ 8 Schulhunde**	2 Mischlinge, 2 Golden Retriever, 1 Labrador, 1 Berner Sennhund (verst.), 1 Riesenschnauzer, 1 Westhighland-Terrier
2003	**+ 10 Schulhunde**	3 Mischlinge, 3 Labradore, 1 Berner Sennhund, 1 Schweizer Sennhund, 1 Border Collie
2004	**+ 8 Schulhunde**	4 Mischlinge, 1 Golden Retriever, 1 Australian Shepherd, 1 Border Collie, 1 Fila Brasileiro
2005	**+ 12 Schulhunde**	3 Mischlinge, 3 Labradore, 2 Golden Retriever, 1 Australian Shepherd, 1 Bearded Collie, 1 Altdeutscher Hütehund, 1 Boxer
2006	**+ 32 Schulhunde**	12 Mischlinge, 9 Labradore, 2 Golden Retriever, 2 Berner Sennhunde, 1 Australian Shepherd, 1 Hovawart, 1 Setter, 1 Landseer, 1 Collie, 1 Border Collie, 1 Sheltie
2007	**+ 32 Schulhunde**	9 Labradore, 7 Mischlinge, 2 Flat Coated Retriever, 2 Collie, 2 Großpudel, 2 Elo, 1 Golden Retriever, 1 Airedale Terrier, 1 Brandl Bracke, 1 Basset, 1 Dt. Wachtelhund, 1 Schäferhund, 1 Setter, 1 Tervuere

Die Angabe von Frau Volk auf dem Kongress Mensch und Tier in Berlin 2007, dass sich ein kontinuierlicher Anstieg der Schulhunde zeigt, kann ich also nach meinen Recherchen bestätigen. Der Hauptboom der Schulhunde lag bisher deutlich in den Jahren 2006 und 2007. Von 109 oben aufgeführten Schulhunden kamen 2006 und 2007 jeweils 32 Hunde neu an die Schulen. Dabei handelte es sich zum überwiegenden Teil um Mischlinge (19) und Labrador Retriever (18). Frau Volk geht hier von anderen Rassenverteilungen aus, wie ich im Kapitel Charaktermerkmale des Hundes noch näher erläutern werde.

Vermehrt wurden nach meinen Informationen dabei Welpen mit in die Schule genommen. Auf der Homepage www.unser-klassenhund.com berichtet Anne Vielsäcker sehr umfangreich über den Einsatz ihres Labradors Charlie, den sie bereits als Welpen regelmäßig mit in die Schule nahm. Auch die Medien zeigten reges Interesse an diesem Projekt.

Allgemein sind über das Internet nicht alle Schulhunde zu finden, wofür es verschiedene Ursachen gibt. Die Schulen verfügen häufig noch immer nicht über eine eigene, regelmäßig erweiterte Homepage und die Medien orientieren sich an den bereits vorhandenen Schulhunden, um über sie zu berichten. Viele Hunde werden auch aus verschiedenen Gründen „nur nebenbei" mit in die Schule genommen. Wir werden sehen, wie sich die Hundegestützte Pädagogik an den Schulen in den nächsten Jahren quantitativ weiterentwickeln wird, aber alles deutet auf einen stetigen Anstieg hin.

Weitere Forschungen zu dem Thema würden wahrscheinlich viele Hunde in den Schulen erfassen, die bisher nicht bekannt sind bzw. nicht bewusst auf dem Hintergrund der Hundegestützten Pädagogik in den Schulen eingesetzt werden. Somit wird die mir momentan bekannte Anzahl an Schulhunden wahrscheinlich von einer sehr großen Anzahl von Hunden übertroffen, die aus den oben genannten Gründen bisher noch im Dunkeln liegen.

2.5.3. Qualitative Entwicklung

Die quantitative Entwicklung im Bereich Hupäsch hat nicht unbedingt etwas mit der qualitativen Entwicklung zu tun. Obwohl ich über die Homepage einen intensiven Austausch mit vielen Kolleginnen zu dem

Thema habe und mich regelmäßig im Internet weiter informiere, kann ich zu vielen Punkten im Bereich der Hundegestützten Pädagogik in der Schule nur begrenzte Angaben machen.

Zurzeit gehe ich grob von vier verschiedenen Ansätzen beim Einsatz von Hunden durch Pädagoginnen in der Schule aus, die u. a. auch durch die allgemein recht euphorischen und oberflächlichen Berichte in der Presse verursacht werden:

- Die Hunde werden mehr oder weniger regelmäßig ohne besondere Erlaubnis mit in die Schule gebracht da sie friedfertig sind; nicht allein zu Hause bleiben können; in der Zeitung stand, dass sie positiv Effekte bewirken; die Schüler sich freuen; es Abwechslung bringt ...

- Die Schulleitung ist informiert und jede Kollegin die möchte, darf ihren Hund ohne besondere Auflagen mit in die Schule bringen. Teilweise bewegen sich so verschiedene nicht speziell ausgebildete Hunde mehr oder weniger frei in der Schule, um die Pädagoginnen zu unterstützen.

- Durch Medienberichte, Informationen von Kolleginnen oder persönliche Erfahrungen werden Lehrerinnen auf die Möglichkeit der Hundegestützten Pädagogik in der Schule aufmerksam. Sie informieren sich zum Thema und versuchen den Einsatz rechtlich durch Information der Schulaufsicht und Einhaltung verschiedener Grundbedingungen zu qualifizieren.

- Immer häufiger kommt es vor, dass besonders erfahrenere Kolleginnen sich intensiv mit dem Thema Hupäsch auseinander setzen, bevor sie, oder evtl. auch die Schule, einen Hund anschaffen. Durch die neuen Medien ist ein Austausch zum Thema vereinfacht und es bilden sich Arbeitskreise in Deutschland, in denen ein persönlicher Austausch zu den speziellen Bedingungen und Möglichkeiten stattfindet. Langsam entstehen auch spezielle Ausbildungsmöglichkeiten für die Teams, die Pädagoginnen und Hunde auf den Einsatz in der Schule vorbereiten.

Mit einer Fragebogenaktion im Sommer 2007 habe ich versucht, qualifiziertere Aussagen zum Einsatz von Schulhunden zu erhalten. Dabei ging ich von der Hypothese aus, dass tendenziell Lehrerinnen mit wenig Berufs- und Hundeerfahrung Hunde in ihre pädagogische Arbeit einbeziehen.

In diesem Kapitel werden die Ergebnisse zu diesen Fragen und auch zu den übrigen Fragen nur kurz aufgeführt. Im weiteren Verlauf der Arbeit werde ich noch ausführlicher auf die Angaben der Kolleginnen eingehen. Weitere Ergebnisse der Evaluationsforschung zu diesem Bereich könnten auf Dauer dazu beitragen, einen qualifizierteren Einsatz von Schulhunden zu unterstützen.

Bei der Auswertung von 50 Fragebögen ergaben sich folgende Ergebnisse:

⭐ Die Berufserfahrung der Hundeführerinnen lag zu 46 % bei 0 bis 10 Jahren. Eine weitere Splittung ergab dabei, dass 6 von 50 Lehrerinnen nur eine Berufserfahrung von 0 - 2 Jahren hatten, 7 eine Berufserfahrung von 3 - 5 Jahren und 10 eine Berufserfahrung von 6 - 10 Jahren. Kolleginnen mit einer Berufserfahrung von 6 - 10 Jahren haben zurzeit mit 20 % also den Hauptanteil am Einsatz von Schulhunden!

10 weitere Kolleginnen hatten eine Berufserfahrung von 11 - 20 Jahren und 12 von 21 - 30 Jahren. 5 Lehrerinnen hatten eine Berufserfahrung von über 30 Jahren.

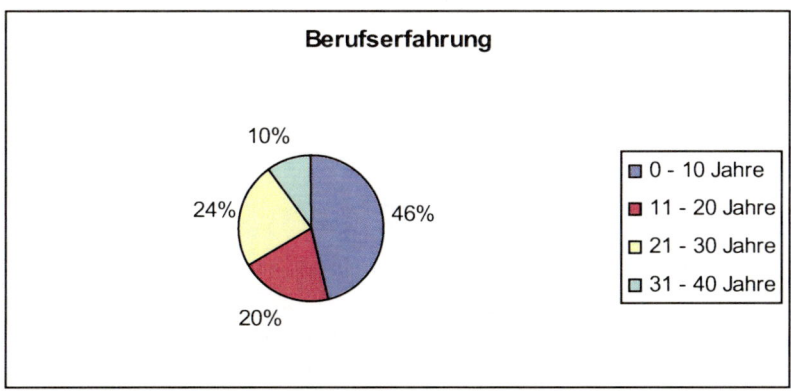

⭐ Bei der Hundeerfahrung war die Verlagerung zu weniger Erfahrung sogar noch deutlicher! 60 % der Hundebesitzerinnen besaßen eine Erfahrung von 0 - 10 Jahren. Von 50 Personen besaßen 11 nur Hundeerfahrung von 0 - 2 Jahren, 13 von 3 - 5 Jahren und 6 von 6 - 10 Jahren. Also besitzen 48 % der Schulhundebesitzerinnen sogar nur eine Hundeerfahrung von

0 - 5 Jahren! Demgegenüber ist der Einsatz von Schulhunden bei hundeerfahrenen Lehrerinnen recht gering!

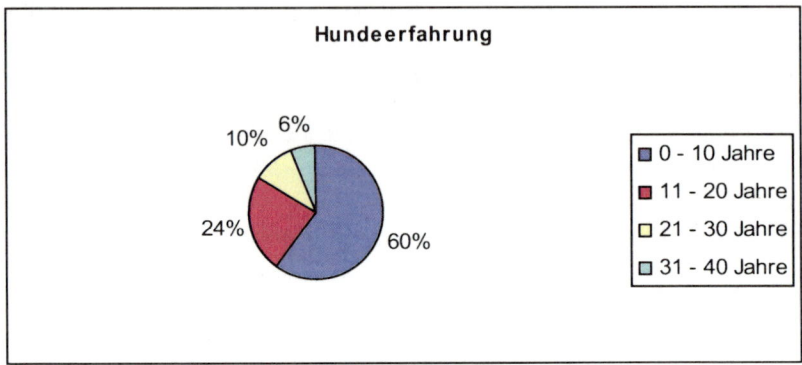

☆ Die Befragung zum Thema Hundebesitz unterstrich das oben aufgeführte Ergebnis noch einmal. Von 50 Lehrerinnen haben 21 (42 %) ihren ersten Hund und 14 (28 %) ihren zweiten Hund, das entspricht 70 %.

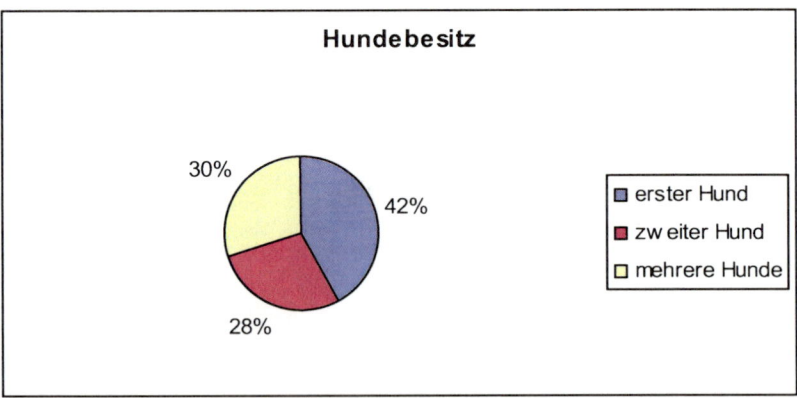

☆ Die Anschaffung des Hundes erfolgte bis auf eine Ausnahme (Schulhund Coffee) immer privat und somit auch aus privaten Gründen. Aber 40 % der Kolleginnen haben den Hund schon speziell für die Schule angeschafft und ausgesucht. 30 % der Lehrerinnen haben ihren Hund aus privaten Gründen und für die

Schule angeschafft und 10 % gaben an, ihn speziell für die Schule angeschafft zu haben.

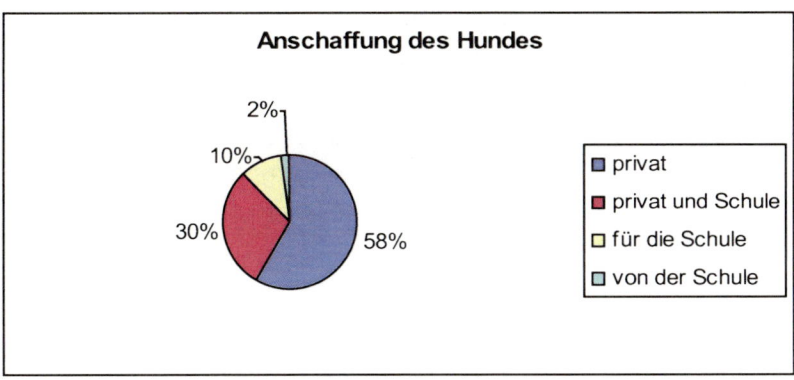

★ Der zeitliche Einsatz der Hunde in der Woche ist sehr unterschiedlich und umfasst eine Spanne von 2 bis über 30 Stunden. Dabei liegt der Schwerpunkt mit 48 % im Zeitraum von 0 - 10 Stunden. 30 % der Hunde werden in einem Rahmen von 11 - 20 Stunden eingesetzt und 22 % von 21 - 30 Stunden.

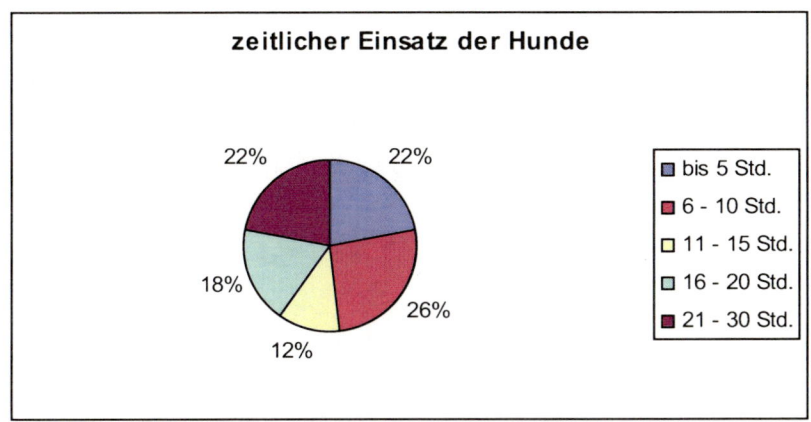

⭐ Mit dem Punkt „Anwesenheit des Hundes in der Turnhalle" sollte eigentlich der Punkt „Anwesenheit des Hundes in der Küche" etwas verschleiert werden. Trotzdem hat auch dieser Punkt seine Berechtigung, wie sich später noch zeigen wird. Aus verschiedenen Gründen (z. B. weil ihre Besitzerin nicht dort arbeitet) gehen die Schulhunde überwiegend nie mit in die Turnhalle.

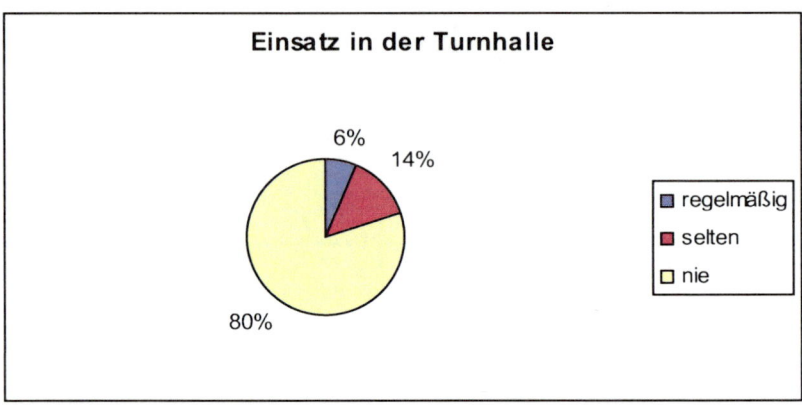

⭐ Die Anwesenheit eines Hundes in der Küche, in der Speisen zum Verzehr zubereitet werden, ist aus hygienischen Gesichtspunkten und um Krankheitsübertragungen zu verhindern, verboten. Trotzdem gehen 4 Hunde sogar regelmäßig mit in die Küche. 90 % der Hunde kommen allerdings nie mit in die Küche. Ob bewusst oder weil die Besitzerin dort nicht agiert, kann nicht festgestellt werden.

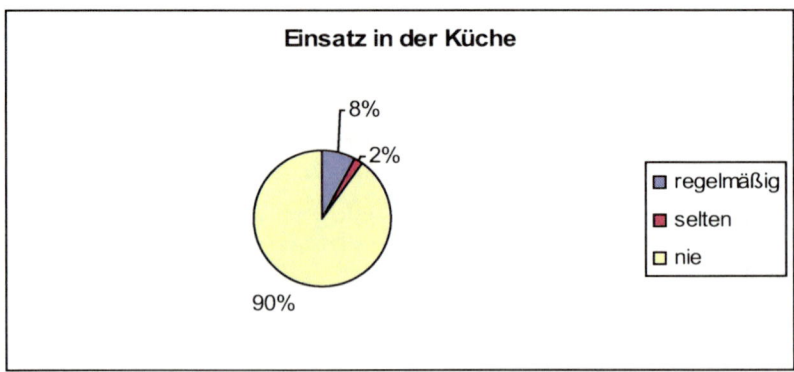

✭ Bei der Befragung nach einer Grundausbildung der Hunde stellte sich heraus, dass 42 % der Hunde keine offizielle Grundausbildung absolviert haben. Die übrigen Ausbildungen können auch nur begrenzt etwas über das Wesen und die Fähigkeiten der Hunde aussagen, aber Hundefachleute haben doch eine Bestätigung abgegeben, dass der Hund gewisse Grundfähigkeiten besitzt.

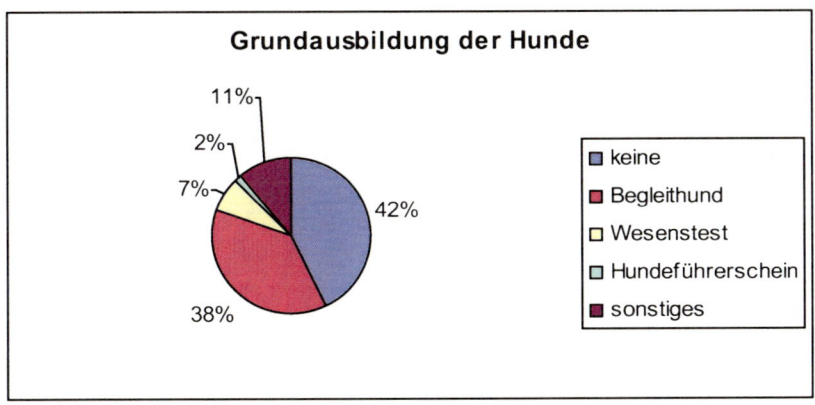

✭ 54 % der Schulhundbesitzerinnen haben nach den unten aufgeführten Daten eine Teamausbildung mit ihrem Hund absolviert. Da es aber noch keine einheitlichen Ausbildungs-standards in diesem Bereich gibt, ist die Ausbildung erfahrungsgemäß noch sehr unterschiedlich in Bezug auf den zeitlichen und inhaltlichen Rahmen. Allgemein sind die Ausbildungen bisher auch noch nicht auf den speziellen Einsatz in der Schule zugeschnitten, sondern gehen häufig von der Einzelarbeit in Therapien aus! Nur Canisland (und mittlerweile ColeCanido und DogMentor) bietet meines Wissens eine Teamausbildung an, die auf Schulen zugeschnitten ist. Der 12%ige Anteil von MITTT ist darauf zurückzuführen, dass sie schon einige Jahre eine Teamausbildung anbieten. Erschreckend ist, dass viele Hunde in der Schule eingesetzt werden, die weder eine nachgewiesene Grundausbildung haben noch eine Ausbildung im Team mit der Besitzerin!

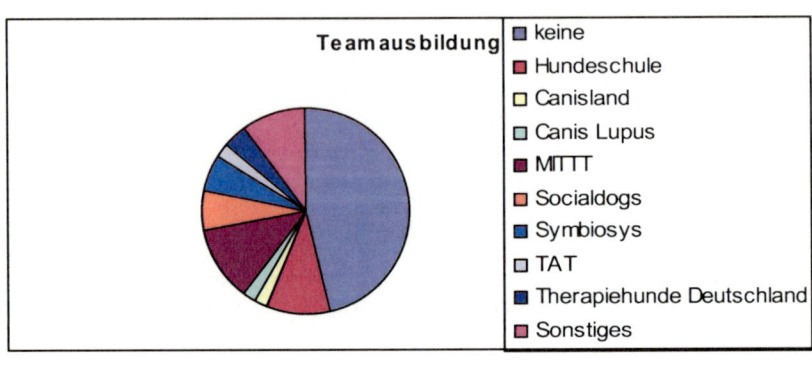

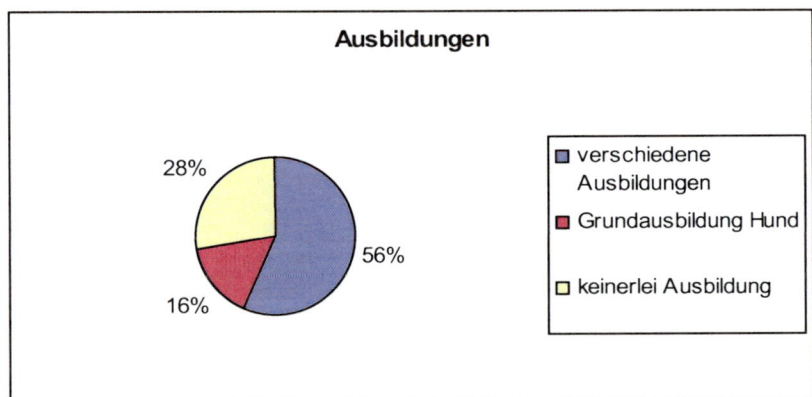

Bei der genaueren Analyse zeigt sich, dass 56 % der Lehrerinnen sowohl eine Grundausbildung mit ihrem Hund gemacht haben, als auch eine Teamausbildung im Bereich der Tiergestützten Interaktion. 16 % der eingesetzten Schulhunde haben allerdings nur eine normale Grundausbildung absolviert und bei 28 % der Schulhundeteams liegt keinerlei Ausbildung vor.

☆ Theoretische Weiterbildungen im Bereich der Tiergestützten Pädagogik werden erst sehr begrenzt angeboten und stellen eine hohe zeitliche und finanzielle Belastung dar. Den größten Zuspruch hat bisher nach meiner Befragung das Institut für soziales Lernen mit Tieren in der Wedemark, da es schon seit 2001 Weiterbildungen anbietet. 90 % der Schulhundebesitzerinnen haben aber keinerlei Weiterbildung in diesem Bereich.

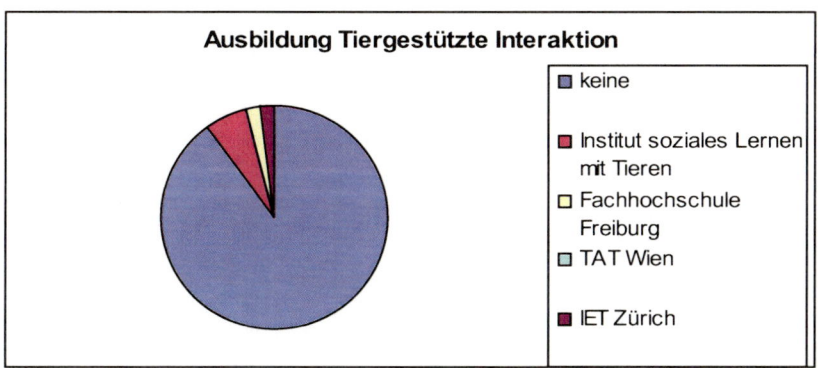

Ausbildung Tiergestützte Interaktion

- keine
- Institut soziales Lernen mit Tieren
- Fachhochschule Freiburg
- TAT Wien
- IET Zürich

✴ Die unten aufgeführten Daten zeigen, dass ein großer Teil der Hunde (82 %) nur im Team mit ihrer Besitzerin arbeiten, was den Stresspegel massiv verringert. Einige Kolleginnen überlassen den Hund manchmal anderen Lehrerinnen, aber in der Regel geschieht dies aus organisatorischen Gründen. Nur eine Kollegin meiner Befragung verleiht ihren Hund regelmäßig an andere Lehrerinnen.

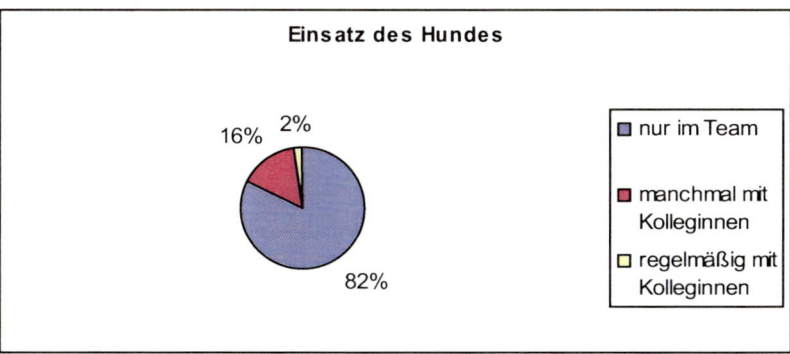

Einsatz des Hundes

16% 2%

82%

- nur im Team
- manchmal mit Kolleginnen
- regelmäßig mit Kolleginnen

✴ Die Befragung ergab, dass ein Großteil der Schulhunde überwiegend in einer Klasse eingesetzt sind (70 %). Das hängt auch mit den Schulstrukturen zusammen, denn in Grund- und Förderschulen, in denen Schulhunde am häufigsten eingesetzt sind, wird allgemein nach dem Klassenlehrerprinzip unterrichtet. Ein Wechsel in verschiedene Klassen geschieht seltener, wird aber in der Regel bei Rektorinnen, die ihre Hunde oft in der Schule in verschiedenen Klassen einsetzen, nötig. Neben dem

Einsatz im Klassenverband werden die meisten Hunde, wenn die Möglichkeit besteht, auch in Kleingruppen oder im Einzelunterricht eingesetzt.

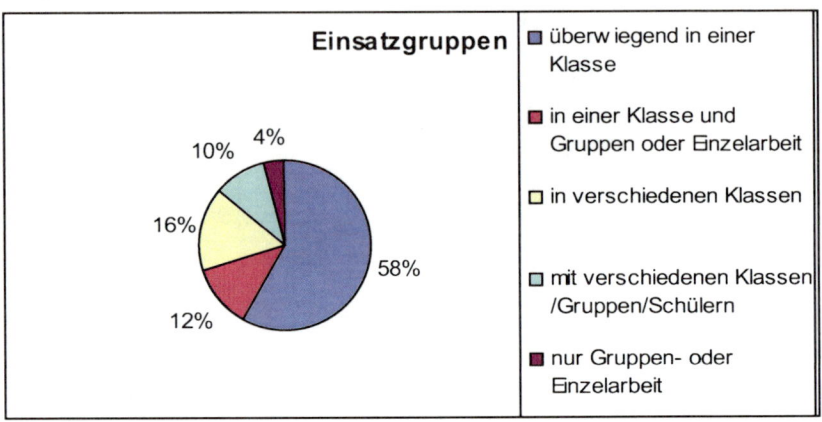

2.6. Zusammenfassung Entwicklung Hupäsch

In diesem Kapitel habe ich versucht, die Entwicklung der Hundegestützten Pädagogik in Deutschland im Zusammenhang mit der allgemeinen Entwicklung der Tiergestützten Intervention zu sehen. Außerdem wurden Begrifflichkeiten zum Thema geklärt und Veröffentlichungen und Entwicklungen dargestellt. Den Einsatz von Hunden in der Schule sehe ich nach den oben angeführten Erläuterungen als „Hundegestützte Pädagogik in der Schule" an, wobei ich diesen Begriff zeitweise einfach als „Hupäsch" abkürze. Der Begriff „Schulhund" erscheint mir in diesem Zusammenhang zurzeit trotz aller nicht klaren Abgrenzungen am treffendsten.

Veröffentlichungen und Untersuchungen zum Thema „Schulhund" bzw. „Hundegestützte Pädagogik in der Schule" gibt es im deutschsprachigen Raum erst im 21. Jahrhundert und in sehr begrenztem Maße. Über meine Homepage „schulhundweb" konnte ich aber ansatzweise die quantitative Entwicklung der Schulhunde nachvollziehen.

Zur genaueren Analyse der qualitativen Entwicklung habe ich eine Umfrage unter den mir bekannten Kolleginnen durchgeführt, an der Mitte 2007 50 Lehrerinnen, die hundegestützt in der Schule arbeiten, teilgenommen haben. Die Ergebnisse belegten meine Hypothese, dass allgemein Kolleginnen mit weniger Berufs- und Hundeerfahrung Schulhunde einsetzen. 98 % dieser Lehrerinnen haben die Hunde privat angeschafft um sie in sehr unterschiedlichem zeitlichem Rahmen einzusetzen. Dabei besitzen die Mensch-Hund-Teams zu 56 % verschiedene Ausbildungen, bei 16 % besitzt nur der Hund eine allgemeine Grundausbildung und bei 28 % liegt keinerlei nachgewiesene Ausbildung vor. 70 % der Schulhunde werden überwiegend in einer Klasse eingesetzt, woraus sich auch der Begriff „Klassenhund" entwickelt hat, und 82 % der Lehrerinnen arbeiten mit ihrem Hund nur im Team.

3. Bedingungen im Bereich Hupäsch

Nach der Entwicklung der Hundegestützten Pädagogik in der Schule in Deutschland möchte ich mich in diesem Kapitel mit den notwendigen Bedingungen für eine qualitativ gute Arbeit im Bereich Hupäsch auseinandersetzen.

Da es den gezielten Einsatz von Hunden in der Schule erst seit wenigen Jahren gibt und der Austausch zwischen den Kolleginnen immer noch recht begrenzt ist, versuchen viele nach ihrem Wissen und ihren Möglichkeiten die Arbeit mit dem Hund in der Schule einzuführen. Dabei werden in der Regel, wie ich aus eigener Erfahrung weiß und in Gesprächen immer wieder feststelle, oft einige wichtige Puzzleteile für eine hundegerechte und effektive Arbeit vergessen. Bekommt man die verschiedenen Grundbedingungen präsentiert, erscheinen sie selbstverständlich und zum Teil kaum erwähnenswert, aber immer wieder werden nach meinen Erfahrungen einige Elemente vergessen, die für eine effektive, problemlose Arbeit in der Schule wichtig sind.

Da es sich um einen neuen Bereich in der Schule handelt und immer wieder Kolleginnen, Eltern und Vorgesetzte ihre Zustimmung geben müssen, ist es außerordentlich wichtig, dass die Konzepte zur Arbeit mit den Hunden besonders in den Anfängen qualitativ gut sind und alle Gefahren für Schüler und Tier durch ein gutes Management weitgehend ausgeschlossen werden. Nur so kann es auf Dauer gelingen, die positiven Effekte der Hundegestützten Pädagogik in der Schule zu nutzen, ohne dass es zu gravierenden Problemen kommt.

3.1. Bedingungen des Hundes für den Einsatz in der Schule

Das wichtigste Element in dem System der Hundegestützten Pädagogik in der Schule ist natürlich der Hund! Meine Fragebogenaktion bestätigte meine Vermutung, dass 88 % der Hunde aus privaten Gründen angeschafft wurden. 40 % wurden extra oder auch für die Schule angeschafft und nur ein Hund wurde im Sommer 2007 vom Förderverein der Schule speziell angeschafft. D. h. aber auch, dass es sich bei 58 % der Hunde um Tiere handelt, die als reine Familienhunde von den Kolleginnen angeschafft wurden! Einige haben nach meinen Informationen bei zufälligen Begegnungen mit den Schülern die positive Wirkung ihrer Hunde festgestellt und einige wurden durch Medienberichte oder Freunde und Bekannte auf die Möglichkeit des Einsatzes eines Hundes in der Schule aufmerksam.

Um einen Hund regelmäßig, effektiv und ohne Überforderung im Unterricht einsetzen zu können, müssen aber vielfältige Rahmenbedingungen erfüllt werden!

In Gesprächen zeigt sich immer wieder, dass besonders von Außenstehenden sehr unterschiedliche Ansichten über die Unterbringung, Betreuung und den Einsatz eines Schulhundes bestehen. Allgemein wird immer noch davon ausgegangen, dass ein Schulhund immer in der Schule lebt. Er ist morgens bei den Schülern und Lehrerinnen und nachmittags und an den Wochenenden wird er vom Hausmeister versorgt. - Dabei kann er natürlich auch schön die Schule bewachen!! Teilweise werden die Hundesteuern nicht ermäßigt, weil der Hund diese Kriterien nicht erfüllt!

Für den Einsatz eines Hundes im Rahmen der Tiergestützten Pädagogik ist dies keine adäquate Möglichkeit, um einen Hund effektiv einzusetzen. Bei ihm, ebenso wie bei der Lehrerin, bei den Schülern und auch in der Schule müssen viele Bedingungen erfüllt sein, um einen Hund gezielt als Unterstützung der Lehrerin einzusetzen.

3.1.1. Charaktermerkmale

Jeder Pädagogin, die einen Hund in der Schule einsetzen möchte, ist klar, dass bestimmte charakterliche Merkmale des Hundes wichtig für die Arbeit mit den Schülern sind. Ein Hund, der regelmäßig mit in der Schule ist, um seine Besitzerin bei ihrer pädagogischen Arbeit zu unterstützen, muss etliche Grundbedingungen erfüllen, damit es zu keinen Problemen und Verletzungen bei den Schülern kommt und damit er den Anforderungen in der Schule gewachsen ist:

- keine aggressive Ausstrahlung
- am Menschen orientiert und interessiert
- mit Hunden verträglich
- ruhiges, freundliches Wesen
- gehorsam
- absolut verträglich mit Kindern

- sehr geringe Aggressionsbereitschaft

- empathisch

- wenig stressempfindlich

- wenig bellfreudig

- nicht sehr geräuschempfindlich

- nicht ängstlich und unsicher

- kein Herdenschutztrieb

- geringe Speichelproduktion

Untersuchungen haben ergeben, dass „bestimmte äußere Merkmale wie mittlere Größe, gut sichtbare Augen, längeres, seidiges Kuschelfell sowie eine helle Fellfarbe" die meisten Menschen ansprechen. Aber es kommt letztendlich auf die

Wesenseigenschaften, das Verhalten und nicht zuletzt auch auf das Einsatzgebiet des Hundes an". (SANDRA MÜLLER tiergestützte 3/2006 S.8)

Auch wenn es in den letzten Jahren immer wieder behauptet wird, Schulhunde werden nicht geboren!! Es gibt keine Garantie dafür, dass ein Labrador automatisch ein guter Schulhund ist! Ob ein Hund für die Arbeit in der Schule und mit der Lehrerin geeignet ist, hängt nicht von der Rasse ab und kann auch beim Kauf nicht garantiert werden – gleichgültig, ob es sich um einen Welpen oder einen erwachsenen Hund handelt!

Natürlich gibt es rassetypische Charaktermerkmale von Hunden, die den Einsatz in der Schule so massiv erschweren, dass diese Tiere für die Hundegestützte Intervention in der Schule nicht unbedingt geeignet sind. Julia Volk berichtete auf dem Kongress 2007 in Berlin, dass sich bei der Auswahl der Hunderassen „eine Zentrierung auf drei Rassen, nämlich Border-Collies, Labradore und Retriever" zeigt. Das kann ich nicht bestätigen. Auf eine genauere Nachfrage von mir

zeigte sich, dass Frau Volk unter Border-Collie auch englische und amerikanische Collies gefasst hat, die charaktermäßig völlig unterschiedliche Eigenschaften besitzen. Der Einsatz eines Border-Collies als Schulhund erfordert viel Hundeerfahrung und wenn der Eindruck entsteht, dass dies die ideale Schulhundrasse ist, so birgt das viele Gefahren! Auch die weiteren häufigen Rassen Labradore und Retriever zeigen, dass leider kein Überblick über Hunderassen vorhanden war, denn Labradore gehören auch zu den Retrievern.
(Kongress Mensch und Tier Vorträge 2007 S. 30)

Marlene Zähner erläutert in ihrem Aufsatz „Kann man den Therapiebegleithund züchten?", dass sich über Jahrhunderte Hundetypen (Molosser, Jagdhunde, Hofhunde, Windhunde etc.) entwickelten „und später Rassen mit zum Teil sehr unterschiedlichen Eigenschaften". Bei den einen wurden Eigenschaften gefördert, „welche eine enge Zusammenarbeit mit dem Menschen voraussetzt (Schafhütehunde, Schoßhunde, Jagdhunde des Typs Vorstehhund/Retriever, Begleithunde u. a.), bei den anderen aber eine möglichst selbstständige und unabhängige Arbeit (z. B. Laufhunde, Terrier, Molosser, Herdenschutzhunde)". „Die enge Zusammenarbeit und gefühlsmäßige Abhängigkeit vom Menschen begründen, weshalb Hunde der ersten Gruppe im Gegensatz zu Hunden der zweiten Gruppe vom Menschen leicht zu führen sind."
„Die typischen Schoßhunde wurden seit Jahrhunderten darauf hin selektiert und gezüchtet, sich dem Menschen anzupassen und eng mit ihm zusammenzuleben. Sie sind sensibel und sehr abhängig vom Wohlwollen ihres Menschen. ... Der Vorstehhund/Retriever ist zwar ein Jagdhund, arbeitet aber sehr eng mit dem Jäger zusammen." Auch Pointer und Spaniel „müssen führig sein und sich eng an den Menschen anpassen. Die Schafhütehunde arbeiten ebenfalls sehr eng mit dem Menschen zusammen und müssen auf die geringsten Signale und Befehle reagieren. Die Begleithunde ..., wie zum Beispiel die Schäferhunde, ... besitzen zwar ein hohes Aggressionspotential, aber gleichzeitig auch eine sehr hohe Führigkeit, welche sie, richtig gehalten und erzogen, zu guten Begleitern des Menschen macht."

Marlene Zähner geht davon aus, dass es in jeder Rasse Individuen gibt, welche sich gut für die Arbeit als Therapiebegleithund (Schulhund) eignen und andere überhaupt nicht. Wenn notwendige Charaktermerkmale rassespezifisch sind, dann „kann erwartet werden, dass Vertreter gewisser Rassen diese Eigenschaften eher mitbringen als andere". Einige Merkmale sind aber auch zuchtbedingt und einige werden durch eine korrekte Aufzucht, Sozialisation und Ausbildung erreicht! (OLBRICH/OTTERSTEDT S. 367 ff).

Bei der Recherche der mir näher bekannten Schulhunde ergab sich folgende Rasseverteilung: 34 Mischlinge (deren Rassebestandteile nur begrenzt nachvollzogen werden können), 28 Labrador Retriever, 9 Golden Retriever, 2 Flat Coated Retriever, 4 Berner Sennhunde, 3 Collies, 3 Border Collies, 3 Australian Shepherds, 2 Elos, 2 Setter, 2 Großpudel und 17 Hunde verschiedenster anderer Rassen. Die Mischlinge und Retriever haben also eindeutig die Oberhand unter den Schulhunden.

Beim Kauf eines Welpen als Schulhund, sollte dieser charakterlich „ in der Mitte" liegen (weder besonders keck noch besonders ängstlich; nicht der dominanteste und auch nicht der unterlegenste Welpe). Aber auch ältere Hunde oder Tierheimtiere können gute Charaktereigenschaften für die Arbeit eines Schulhundes besitzen, wie Anke Prothmann in ihrem Buch „Tiergestützte Kinderpsychotherapie" belegte. Mit Hilfe eines Ethotests von Lucidi et al. wurden 23 Tierheimhunde untersucht und 6 als geeignet für die Therapiearbeit eingestuft. Nach den Kriterien der Delta Society konnten sogar 8 Hunde eingesetzt werden. (PROTHMANN S. 236 ff)

3.1.2. Grunderziehung

Neben den charakterlichen Eigenschaften eines Schulhundes ist natürlich eine gute Grunderziehung unabdingbar. Ob der Hund dabei eine Begleithundeprüfung vorlegen kann, ist uninteressant, denn hier geht es allgemein häufig noch um einen blinden Gehorsam auf dem Hundeplatz. Dies besagt aber nichts über den allgemeinen Gehorsam und die Bindung zur Besitzerin im Alltag. Es ist vielmehr wichtig, dass der Hund im realen Leben und besonders in der Schule einen guten Grundgehorsam zeigt. Auf Grundbefehle wie Sitz, Platz, Bleib etc. sollte der Hund sowohl über Worte als auch über Zeichen und auch auf Distanz zuverlässig reagieren. „Ein prinzipiell geeigneter Hund kann nicht eingesetzt werden, wenn der Hundeführer nicht in der Lage ist, den Hund mittels gängigem Gehorsam (Sitz, Platz, Komm, Bleib etc.) zu kontrollieren." (PROTHMANN S. 237) Dies ist neben dem Charakter ein zweites wichtiges Puzzleteil für den Einsatz eines Hundes in der Schule.

Die Kombination von Worten und Zeichen erleichtert dem Hund die Ausführung der Anweisungen, denn er reagiert auf Grund seiner Veranlagung erfahrungsgemäß schneller auf Sicht- als auf Hörzeichen. Zusätzlich bietet dies die Möglichkeit, Anweisungen der Schüler ggf. im Hintergrund zu unterstützen, indem man dem Hund zusätzlich Zeichen gibt, wenn es die pädagogische Situation erfordert.

Alle Grundgehorsamsübungen können in vielfältiger Weise immer wieder in den Unterricht und die Hundegestützte Pädagogik in der Schule eingebaut werden. Ein zuverlässiger Grundgehorsam ist aber auch in etwas heiklen Situationen erforderlich, die ganz schnell im Schulalltag entstehen können.

Da die primäre Arbeit der Lehrerinnen allgemein im normalen Unterricht liegt, ist das Hauptaugenmerk auf die Vermittlung von Unterrichtsinhalten und die Interaktionen der Schüler gerichtet. Die Interaktionen mit dem Hund laufen neben dem Unterrichtsalltag ab und durch einen guten trainierten Grundgehorsam muss es gewährleistet sein, dass unvorhersehbare Situationen ohne Probleme für Schüler und Hund bewältigt werden können.

Für den Grundgehorsam und die Arbeit in der Schule ist es sehr wichtig, dass die Hundeführerin ein Aufmerksamkeitssignal mit dem Hund eintrainiert, damit dieser seine Aufmerksamkeit auf sie richtet. „Geräusche haben den großen Vorteil, dass sie emotionslos, kurz und prägnant sind. Sie spiegeln keine momentanen Gefühle wieder, sondern sind immer gleich und können dem Hund sehr viel Sicherheit vermitteln." Außerdem haben sie nach Mirjam Cordt den Vorteil, dass man sie jederzeit und überall selbst produzieren kann. Dieses Geräusch darf im Alltag des Hundes sonst nicht vorkommen, muss jederzeit schnell produziert werden können, emotionslos sein und nicht durch unbedachte Verwendung abgenutzt werden. Man kann z. B. ein Schnalzen mit der Zunge, eine leises „Ps", ein Knutschgeräusch oder auch ein kurzes „Yep" verwenden. (CORDT S. 72)

Nicht nur in der Schule ist es ein Vorteil, wenn man die Aufmerksamkeit des Hundes durch ein kleines Geräusch auf sich lenken kann, das andere Personen in der Regel gar nicht besonders wahrnehmen. Das Rufen des Hundes bei seinem Namen lenkt demgegenüber erst recht die Aufmerksamkeit des Umfeldes auf den Hund und seine Aktionen, die evtl. gerade nicht erwünscht sind.

Zusätzlich kann noch ein Bestätigungsgeräusch trainiert werden, „um die gewünschte Handlung und das Verhalten" eines „Hundes ohne den Einfluss der Stimmungsübertragung mit gutem Timing zu bestätigen". Dieses Geräusch wird wie ein Clicker benutzt und verschiedene Hunde können auch auf verschiedene Geräusche konditioniert werden. (CORDT S.73/74)

Für den Notfall kann auch noch ein Abbruchsignal oder Umlenksignal als Geräusch eintrainiert werden, um den Hund ggf. daran zu hindern etwas zu machen, was absolut nicht erwünscht ist (etwas fressen, jemanden bedrängen usw.). Dieses Signal muss möglichst auch auf einige Entfernung eingesetzt werden können, sollte aber nur eingeschränkt benutzt werden und muss sehr gut positiv besetzt sein.

3.1.3. Gesundheitsprävention

In der Schule kann natürlich nur ein gesunder Hund eingesetzt werden, der artgerecht versorgt und gepflegt wird. Zum Wohle des Tieres und der Schüler müssen einige Dinge beachtet werden, damit die Gefahr einer Gesundheitsbeeinträchtigung minimiert wird.

„Die Gesundheitsrisiken für den Menschen im Umgang mit Tieren sind minimal. Nur wenige tierische Krankheiten − so genannte Zoonosen − sind auf den Menschen übertragbar. Mit vorbeugenden sinnvollen Maßnahmen steht jedoch einem harmonischen Miteinander von Mensch und Tier nichts im Weg." (GUTZWILLER S. 13)

Bindend ist in diesem Bereich zurzeit das Infektionsschutzgesetz aus dem Jahre 2000. Nach § 1 (1) ist es der Zweck des Gesetzes „übertragbaren Krankheiten beim Menschen vorzubeugen, Infektionen frühzeitig zu erkennen und ihre Weiterverbreitung zu verhindern". In Absatz 2 heißt es weiter: „Die Eigenverantwortung der Träger und Leiter von Gemeinschaftseinrichtungen ... soll verdeutlicht und gefördert werden."

„Das Robert Koch Institut hat im Rahmen dieses Gesetzes die

Aufgabe, Konzeptionen zur Vorbeugung übertragbarer Krankheiten sowie zur frühzeitigen Erkennung und Verhinderung der Verbreitung von Infektionen zu entwickeln." (§4 (1)) In Heft 19 des Robert Koch Instituts „Heimtierhaltung – Chancen und Risiken für die Gesundheit" wurden Fakten zum Bereich Tiergestützter Interaktionen zusammengetragen.

Danach können Heimtiere „tatsächliche oder potentielle Infektionsquelle sein. Einerseits ist es möglich, dass die Tiere selbst an Infektionen mit Viren, Bakterien, Pilzen und Parasiten wie Würmern und Insekten erkranken, die auch bei Menschen Krankheiten auslösen. Andererseits kann das klinisch gesunde Heimtier Dauerausscheider oder Träger von humanpathogenen (den Menschen krank machenden) Erregern sein. Vom Tier auf Menschen übertragbare Infektionen bzw. Infektionskrankheiten werden nach einer Definition der WHO als Zoonosen bezeichnet." (ROBERT KOCH INSTITUT S. 10)

Zusammengefasst spielen beim Hund folgende Zoonosen eine Rolle:

Virusbedingte Zoonosen			
		Übertragung durch	**Gegenmaßnamen**
Tollwut	melde-pflichtig	Hunde, Katzen, Füchse	Tollwutimpfung

Bakterienbedingte Zoonosen			
		Übertragung durch	**Gegenmaßnamen**
Campylo bakteriose	melde-pflichtig	Übertragung durch Hunde und Katzen	Hände waschen!
EHEC	melde-pflichtig	überwiegend durch Kälber und Rohmilchverzehr evtl. durch Hunde und Katzen	

Pasteu-rellose		durch Hunde und Katzen	Wunddesinfektion
Salmo-nellose	melde-pflichtig	durch Hunde, Katzen und Reptilien	Sterilisiertes Fertigfutter
Tuber-kulose	melde-pflichtig	selten durch Hunde, Katzen etc.	zurzeit keine Über-tragung bekannt!

Pilzbedingte Zoonosen			
		Übertragung durch	Gegenmaßnamen
Mikrosporie		besonders Hunde und Katzen	Hände waschen!
Trichophytie		Hunde und viele andere Tiere	Hände waschen!

Parasitenbedingte Zoonosen			
		Übertragung durch	Gegenmaß-namen
Crypzo-sporidiose	melde-pflichtig	Hunde und Katzen	Hände waschen!
Giardiose	melde-pflichtig	Hunde und Katzen	Hände waschen!
Alveoläre Echinokokkose (Fuchsband-wurm)	melde-pflichtig	Hunde, Katzen und Füchse	Hände waschen!

Zystische Echinokokkose (Hundeband-wurm)	melde-pflichtig	Hunde und Katzen	Hände waschen!
Toxocariasis (Spulwurm)		Hunde und Katzen	Hände waschen!

Idealerweise sollte einmal im Jahr ein Gesundheitszeugnis des Hundes durch den Tierarztes erstellt werden, um den guten Gesundheitszustand des Hundes zu bestätigen, auch wenn dies theoretisch nichts über die Gesundheit eine Woche später sagt. Wir gehen davon aus, dass besonders jeder Hundebesitzer, der mit seinem Tier arbeitet, daran interessiert ist, die Gesundheit des Tieres und der Mitmenschen zu erhalten und dementsprechend handelt! Um Krankheitsübertragungen vorzubeugen und dem Hund gesundheit-liche Probleme zu ersparen, muss er also

· regelmäßig gegen Tollwut geimpft werden!

· frei von Würmern sein (regelmäßige Kotuntersuchung oder Entwurmung, Nachweis durch Protokoll)

· zeitnah von Ektoparasiten (Flöhe, Zecken, Läuse, Milben) befreit werden!

· mit Fertigfutter in der Schule gefüttert werden (keine Salmonellen-übertragung möglich!)

Außerdem müssen Hände nach dem Kontakt mit Hunden regelmäßig gewaschen werden und der Hund darf keinen Zutritt zur Küche erhalten, in der Speisen zubereitet werden.

Die oben angeführten Punkte müssen Beachtung finden und ihre Durchführungsdaten in der Schule schriftlich vorliegen, um ggf. nachweisen zu können, dass ein ausreichendes Hintergrundwissen zum Thema besteht und alle notwendigen Bedingungen erfüllt sind, um gesundheitlichen Schäden der Schüler vorzubeugen. „Wenn elementare Hygienegrundsätze eingehalten werden, gefährden gepflegte, regelmäßig entwurmte und geimpfte Hunde und Katzen die Gesundheit des Menschen nicht." (GUTZWILLER S. 14)

Zu einem wichtigen Aspekt der Tierhygiene gehört dabei natürlich auch ein sauberer Liegeplatz und hygienisch einwandfreie Futter- und Trinkwassergefäße sowie Spielzeug. Es ist selbstverständlich, dass die Hunde artgerecht gehalten werden und ausreichenden Auslauf und artadäquate Beschäftigung bekommen.

3.1.4. Familienanschluss

Einigen Menschen ohne besondere Kenntnisse zum Thema Hund fällt es außerordentlich schwer zu verstehen, dass ein Schulhund nicht ständig in der Schule leben und nebenbei vom Hausmeister versorgt werden kann. Der Hund als Rudeltier benötigt, wie man heute weiß, Familienanschluss um seinen Anlagen entsprechend gefördert zu werden. Nur durch den regelmäßigen Kontakt zu seiner Teampartnerin und das Leben im „Rudel" ist die Basis für einen effektiven Einsatz im Unterricht gegeben.

Alle Hunde sind hochsoziale Lebewesen und „im Zuge der Domesti-kation wurde der Mensch Hauptsozialpartner für die meisten Hundeformen und –rassen." „Änderungen im hundischen Sozial-verhalten, speziell auch in ihrer Kommunikation, entstanden auf dem Wege zum Hund in Anpassung an das Zusammenleben mit Menschen in deren Umwelt und sind genetisch bedingt. Haushunde wurden mehr oder weniger abhängig vom menschlichen Sozialpartner". (FEDDERSEN-PETERSEN 1992 S. 175)

Ungenügende Kontaktmöglichkeiten zur Hundeführerin können deshalb auch bei Schulhunden zu Verhaltensauffälligkeiten führen, die natürlich in der Schule fatale Folgen haben könnten. Außerdem kann die Lehrerin nur durch eine intensive Beschäftigung mit dem Hund herausfinden, welche individuellen Bedürfnisse und Fähigkeiten ihr Hund hat, um diese dann im Schulalltag zu berücksichtigen. (GREIFFENHAGEN/BUCK-WERNER S. 237) Dies ist während des laufenden Unterrichts nur begrenzt möglich, da in der Regel die nötige Ruhe und Konzentration auf den Hund fehlt.

Der Schulalltag führt allgemein auch zu immer wieder neuen Anforderungen an das Mensch-Hund-Team und nur ein stetiges Training bekannter und neuer Übungen ermöglicht eine effektive, relativ stressfreie Arbeit im Unterricht. Neue Verhaltensweisen und Übungen für den Einsatz in der Schule können nur in einer stressfreien, ruhigen Atmosphäre eingeübt werden, um diese

Elemente dann nach längerer Trainingszeit in den Unterricht einzubauen. Auch das Kennenlernen vielfältiger Situationen, Personen etc. benötigt der Schulhund, um auf Dauer eine gute Sicherheit in der Schule zu entwickeln. Dies ist aber nur möglich, wenn der Hund intensiv am Familienleben der Lehrerin teilnimmt und diese sein Verhalten immer wieder neu beobachtet und interpretiert. Eine ständige Betreuung außerhalb des Unterrichts z. B. durch den Hausmeister verhindert eine intensive Bindung und ein gegenseitiges Vertrauen zwischen der Lehrerin und dem Schulhund und schränkt so die Möglichkeiten der Hundegestützten Pädagogik in der Schule massiv ein und erhöht das Risiko von Unfällen.

Im relativ stressfreien Familienalltag kann das Vertrauen zwischen Lehrerin und Hund wachsen, so dass beide Teampartner auf Dauer lernen, sich aufeinander zu verlassen. Im Alltag ergeben sich immer wieder Trainingssituationen, die auf lange Sicht die Arbeit in der Schule einfacher und effektiver machen. Hat ein Schulhund z. B. gelernt ruhig neben Kinderwagen, Einkaufswagen oder Mülltonnen herzulaufen, dann fällt es ihm auch weniger schwer, Menschen in Rollstühlen oder an Rollatoren zu begleiten oder überhaupt mit den vielfältigen Geräuschen in der Schule umzugehen.

„Verantwortungsvolle Heimtierhaltung, die den Ansprüchen des Tieres gerecht wird, ist Voraussetzung dafür, dass die positiven Auswirkungen der Mensch-Tier-Beziehung überhaupt zum Tragen kommt." (GUTZWILLER S. 3) Deshalb ist es selbstverständlich, dass der Lehrer und seine Familie die allgemeinen Bedürfnisse des Hundes in Bezug auf Ernährung, Pflege, Auslauf und Beschäftigung beachten, um optimale Bedingungen für die Hundegestützte Pädagogik in der Schule zu schaffen.

3.1.5. Spezielles Training des Hundes

Die Belastung eines Schulhundes ist so außerordentlich, dass in der Regel ein adäquater Charakter, eine gute Grunderziehung, Gesundheitsprävention und Familienanschluss nicht ausreichen, um mit dem Lehrer regelmäßig im Team in der Schule erfolgreich und auf Dauer zu arbeiten.

Im Positionspapier des Schweizer Tierschutzgesetzes zu „Tiere im Schulzimmer und Tiere im Unterricht" steht: „Auch Hunde sollten nicht einfach so in die Stunde mitgebracht werden. Nur ein entsprechend ausgebildeter Hund mit einer erfahrenen Begleitperson reagiert gelassen auf eine plötzliche Masse lauter, sich schnell bewegender Kinder, die das Tier anfassen und streicheln wollen. Bei nicht entsprechend angewöhnten Hunden leidet das Tier oder es kann zu gefährlichen Situationen für die Kinder kommen." (SCHWEIZER TIERSCHUTZ S. 6)

Auch Sandra Müller weist in der Zeitschrift „tiergestützte" auf das notwendige Training der Hunde hin: „Die Fähigkeit ungewöhnliche Bewegungs- und Verhaltensmuster von Menschen, den Anblick vermeintlich `bedrohlicher´ Gegenstände, das Ertragen ungeschickter körperlicher `Zuwendung´, also den nicht artgerechten Umgang über sich `ergehen´ zu lassen, ist nicht jedem Hund angeboren." („tiergestützte" Nr 3 2006 S. 7) Gutzwiller weist ebenfalls auf dieses Problem hin: „Der professionelle Einsatz von Hunden als Ko-Therapeuten setzt ein mehrmonatiges Training des Tieres wie auch des Tierhalters voraus. Entsprechende Ausbildungsplätze sind in Europa erst ansatzweise vorhanden." (GUTZWILLER S.15) Besonders für Hunde, die regelmäßig in der Schule im Bereich der Hundegestützten Pädagogik eingesetzt werden, gibt es bisher kaum spezielle Schulhundaus-bildungen für Lehrerin-Hund-Teams.

Die Möglichkeiten einer Teamausbildung für Mensch und Hund sind zwar in den letzten Jahren rasant ange-stiegen, aber dort geht es um eine allgemeine Ausbildung für viele Berufsgruppen, die von einem Hund bei ihrer Arbeit unterstützt werden. Häufig handelt es sich dabei um Therapien mit einer oder wenigen Personen in einem kurzen zeitlichen Rahmen. Schulhunde sind aber häufig während der ganzen Arbeitszeit der Lehrerin in der Schule anwesend und haben so mit sehr vielen verschiedenen Menschen über einen recht langen Zeitraum zu tun und sind so häufig extremem Stress ausgesetzt.

„Der erste Hund, der ein Kind … beißt, weil er von der Situation überfordert ist oder panisch auf einen Vorfall reagiert, kann die ganze Idee zu Fall bringen." (GABRIELE NIEPEL: Mein Hund hält mich gesund, Augsburg 1998 nach SANDRA MÜLLER „tiergestützte" Nr. 3/2006 S. 7)

Neben dem Grundgehorsam bei der Besitzerin benötigt der Schulhund also vielfältige Fähigkeiten, um über einen längeren Zeitraum ohne Probleme in der Schule agieren zu können. Einige der wichtigen Fähigkeiten werden hier aufgeführt:

Gewöhnung an ungewohnte Umgebungen und Situationen

- besondere Bodenbeläge und Gerüche
- Treppen, Aufzüge
- Klatschen, Scheppern, Knallen
- massives Gestikulieren
- umfallende Stühle
- Rollstühle, Rollatoren, Krücken
- Tücher, Regenschirme, Mäntel, Hüte
- kriechende Kinder, laufende und humpelnde Personen
- schreiende Kinder
- verschiedene große Personengruppen
- ängstliche Personen

passiver Kontakt zu Menschen

- Sitzen/stehen bleiben beim Streicheln
- an verschiedenen Körperstellen berühren lassen (auf dem Boden oder auf dem Tisch)
- Streicheln im Augen- und Schnauzenbereich zulassen
- auf einer Decke Körperarbeit erlauben
- ungeschicktes Anfassen ertragen
- Umarmung erdulden
- Blickkontakt aushalten
- ruhig in der Obhut einer fremden Person bleiben
- bei massiver Bedrängung Rückzug

aktiver Kontakt zu Menschen

- selbstständig oder auf Zeichen Kontakt aufnehmen
- selbständig oder auf Zeichen Kopf auflegen
- Personen nicht bedrängen und anspringen
- sich auf Kommando neben eine fremde Person legen
- neben dem Rollstuhl, Rollator etc. herlaufen
- Grundgehorsam bei Fremden in Begleitung der Besitzerin (mit und ohne Sichtzeichen)
- Grundgehorsam bei Fremden (mit und ohne Sichtzeichen)
- Parcours mit Fremden frei gehen
- bei Fremden locker an der Leine gehen
- Spielen mit fremden Personen mit verschiedenen Gegenständen

Bei einer speziellen Ausbildung des Hundes gemeinsam mit seiner Besitzerin wird allgemein zunächst in einem Eingangstest versucht, das Grundverhalten des Hundes und seiner Halterin, sowie deren Bindung, zu erforschen. Nur wenn wichtige Grundvoraussetzungen beim Mensch-Hund-Team vorhanden sind, können in der Regel die Teams gezielt in ein weiteres Training einsteigen. Eine Übersicht über die Möglichkeiten und Bedingungen der Ausbildung der Hunde in Österreich gibt Andrea Vanek-Gullner in ihrem Buch Lehrer auf vier Pfoten (VANEK-GULLNER 2007) Allgemein wird bei einer speziellen Ausbildung von einem Alter des Hundes zwischen 18 Monaten und ca. 6 – 7 Jahren ausgegangen.

Erhard Olbrich und Andreas Schwarzkopf weisen in ihrem Artikel „Ein Gütesiegel für Praktiker?" (TIERGESTÜTZTE 4 – 2008 S. 22 ff) darauf hin, dass ihrer Ansicht nach derzeit verfügbare Verhaltenstests „die Gütekriterien von Objektivität, Reliabilität und Validität" nicht erfüllen. Deshalb machen wir in unseren Seminaren bewusst keine Eingangstests, sondern informieren die Seminarteilnehmerinnen umfassend und schulen ihre Wahrnehmung und die Selbstein-schätzung von Hund und Team durch Theorie und Praxis. Eine weitergehende Beurteilung kann u. E. nur abgegeben werden, wenn die Teams in regelmäßigen Abständen in ihrem gewohnten

Arbeitsbereich nach objektiv entwickelten Kriterien beurteilt werden. Dieses Stadium der Qualitätskontrolle ist zurzeit allerdings noch nicht erreicht.

Während jeder Aus- und Weiterbildung „ergeben sich immer wieder neue Erkenntnisse über das Wesen und Verhalten" der Hunde, so dass die Lernbereitschaft der Besitzerin gefragt ist sowie auch die Offenheit gegenüber neuen Erfahrungen. „Durch die intensiven Phasen der Ausbildungszeit und deren unterschiedlichen Anforderungen lernen sich Hund und Halter besser kennen" und die Bindung zueinander intensiviert sich. Aus eigenen Erfahrungen kann ich bestätigen, dass die Wertschätzung gegenüber dem eigenen Hund und seinen neu entdeckten Qualitäten im Laufe der Ausbildung ansteigt. Gute Team-Trainer geben Hilfestellung bei der Schulung der Wahrnehmung und Interpretation der Hundekommunikation. Die Hunde lernen sich in vielfältigen neuen Situationen zu bewegen und werden gelassener und stressresistenter. (RÖGER-LAKENBRINK S. 54)

Trotzdem gibt es selten den Allrounderhund, der in allen Altersgruppen, bei allen Charakteren und Behindertengruppen eingesetzt werden kann. Deshalb dient eine spezielle Ausbildung u. a. auch dazu, die optimalen Einsatzgebiete des Hundes herauszufinden und seine Fähigkeiten in diesen Gebieten zu stärken und auszubauen. Dabei sind die Fähigkeiten des Hundes natürlich immer eng verknüpft mit den persönlichen Möglichkeiten der Lehrerin, denn eine effektive Arbeit kann nur im Team stattfinden, wie später noch weiter ausgeführt werden soll.

Zurzeit bieten in Deutschland meines Wissens nur Canisland, ColeCanido und DogMentor eine speziell auf Schule zugeschnittene Ausbildung der Hundeteams an. In Österreich beschäftigt sich in Wien Andrea Vanek-Gullner intensiv mit dem Thema.

Wichtig erscheint mir in diesem Zusammenhang, dass an den Ausbildungen sowohl Hundespezialistinnen als auch Pädagoginnen beteiligt sein sollten, um die Schwerpunkte Hundeausbildung und Einsatz in der Schule abzudecken. Ein Hundetrainer, der keinen intensiven Einblick in den Schulalltag hat kann m. E. viele Bereiche nicht ausreichend erfassen und somit eine spezielle Schulung der Hunde, und natürlich ihrer Besitzerinnen, nicht umfassend leisten.

3.1.6. Stresssymptome, -vermeidung und -bewältigung

Die Basis für jede gute und erfolgreiche Zusammenarbeit sind eine entspannte Lehrerin und ein entspannter Hund, aber das ist leider im Schulalltag nicht immer gegeben! Beim Menschen ist Stress längst ein medizinisch anerkanntes Phänomen. In Bezug auf Hunde wurde das Thema Stress aber lange Zeit unterschätzt. Erst in den letzten Jahren wurde ernsthaft darüber nachgedacht, wie viel Stress ein Hund eigentlich ertragen kann, bevor es zu überschießenden Reaktionen oder gesundheitlichen Problemen kommt.

Während akuter Stress, mit nachfolgenden Ruhephasen, wichtig für die aktive Auseinandersetzung mit der Umwelt ist, die Verarbeitung von emotionalen Erlebnissen fördert und das Erinnerungsvermögen aktiviert, bewirkt chronischer Stress genau das Gegenteil: Das Immunsystem wird geschwächt, Lernvorgänge werden blockiert, Aggression und/oder Angstzustände treten in den Vordergrund.

Dabei entsteht Stress nicht nur in unangenehmen Situationen. Aufregende Beute- und Rennspiele haben physiologisch gesehen die gleichen Auswirkungen auf den Organismus wie erschreckende Erlebnisse z. B. eine Beißerei.

Das Erleben von Stress ist sehr individuell und hängt von den Erfahrungen jedes einzelnen Hundes ab – genau wie wir Menschen Situationen sehr unterschiedlich empfinden können. Der eine Hund kann z. B. bei einem Gang durch die Schule deutliche Stress-Symptome zeigen, während der andere Hund völlig gelassen bleibt oder auch nur erscheint.

Stressauslöser können sowohl negativ als auch positiv sein. Schmerzen und Krankheit, Lärm, Hitze, Einsamkeit, Überforderung in der Schule, ständiger Leinenruck oder negative Stimmungen lösen Stress aus. Aber auch aufregende Beute- und Jagdspiele, Besuch oder wildes Toben mit anderen Hunden oder Menschen.
(unveröffentliches Skript KIRSTEN BERGER)

Unsere Hunde zeigen durch unterschiedliche Signale und Verhaltensweisen, dass sie im Stress sind. Häufig treten mehrere Signale gleichzeitig auf, aber es kommt immer darauf an, die Verhaltensweisen im Zusammenhang zu sehen! Ein anderer Aspekt ist nach Nagel/v. Reinhardt die Häufigkeit der auftretenden Symptome!

Hier soll ein Überblick über die vielfältigen möglichen Stresssymptome gegeben werden:

Allgemeine Stresssymptome

- Nervosität
- Ruhelosigkeit
- übertriebene Aktivität
- Überreaktionen (z. B. vermehrtes Knurren, schnelles Abschnappen
- Übersprungshandlungen (z. B. in die Leine beißen, Aufreiten)
- Passivität (Erstarren des Hundes)
- schlechte Konzentrationsfähigkeit
- Zerstörung von Gegenständen
- übertriebenes, juveniles Verhalten
- übertriebene Körperpflege
- selbstzerstörerische Handlungen (z. B. an den Pfoten knabbern)
- Hecheln / Hyperventilieren
- erhöhter Puls
- tropfende Nase
- Schweißpfoten
- Zittern
- Gähnen
- Schütteln (meist nach Stress-Situationen)

Beschwichtigungssignale als Stresssymptome
(wenn sie vermehrt auftreten!)

- Kopf abwenden
- Körper abwenden
- Pfote heben
- sich kratzen
- Züngeln / Nase lecken
- verlangsamte Bewegungen
- Erstarren / Einfrieren
- Schwanz wedeln (tiefe Rutenhaltung)

- Vorderkörpertiefstellung
- Hinsetzen / Hinlegen
- Schmatzen
- am Boden schnüffeln
- Splitten / dazwischen gehen (übertrieben)

Veränderungen in der Nahrungsaufnahme und -abgabe als Anzeichen von Stress

- häufiges Koten / Durchfall
- Erbrechen (oft weißer Schleim)
- Futterverweigerung in der Situationen
- allgemeine Appetitlosigkeit
- Fresssucht
- häufiges, übermäßiges Trinken
- unangenehmer Mundgeruch
- Kot fressen (Pica)
- Blähungen

Stressanzeichen aus dem Sexualverhalten

- markieren
- ausschachten des Penis
- Aufreiten
- Hypersexualität / Hyposexualität
- veränderter Sexualzyklus bei Hündinnen

Fellveränderungen

- Tasthaare aufstellen
- Nacken- und Rückenfell aufstellen
- plötzlicher Haarausfall
- schlechte Fellbeschaffenheit
- unangenehmer Körpergeruch
- Schuppenbildung
- Hautprobleme (bis hin zur Allergie)

Augenveränderungen

- unkoordinierte, hektische Augenbewegungen
- Fixieren eines Lebewesens / Gegenstandes

- Veränderung der Augenfarbe
- gerötete Augen
- Augen wandern
- Blick verkürzen / Blinzeln (Beschwichtigungssignal)
- erweiterte Pupillen
- Augen flackern / aufreißen

<u>Laut- und Drohäußerungen als Überreaktion</u>
- vermehrtes Winseln / Jaulen
- vermehrtes Bellen
- vermehrtes Knurren
- schnelles Zähne zeigen / Nase kräuseln
- Abschnappen
- Beißen
- Zähneklappern

„Während einer anstrengenden, stressigen Situation schüttet der Organismus verschiedene Hormone aus, die unterschiedliche Wirkungsweisen im Körper haben. Durch die Ausschüttung von Adrenalin zum Beispiel werden die Sinne geschärft und es wird vermehrt Energie zur Verfügung gestellt. Weitere Hormone, wie zum Beispiel das Testosteron, die an die Ausschüttung von Adrenalin gekoppelt sind, sorgen dafür, dass der Hund insgesamt verteidigungsbereiter ist, also nicht so ausgeglichen und gelassen reagiert, wie er es normalerweise tun würde." „Aldosteron, ein weiteres Hormon, das an die Ausschüttung von Adrenalin gekoppelt ist, steuert den Wasserhaushalt. Es wird unter Stress vermehrt produziert, weshalb der Hund öfter urinieren muss, was oftmals fälschlicherweise als Markierungsverhalten … gedeutet wird. Auch die Produktion der Magensäfte nimmt unter Stress zu, weshalb es … vermehrt zu Magen-Darm-Problemen wie … Durchfall und Erbrechen kommen kann." (CORDT S. 50)

Schule ist häufig Stress – für Schüler, Lehrerinnen und Hunde! Deshalb ist es wichtig, dass Stresssignale der Hunde rechtzeitig erkannt werden und Beachtung finden. Unsere vierbeinigen Partner müssen in stressigen Situationen unterstützt werden und ggf. eine Auszeit erhalten. Auf Dauer führt Stress sonst nicht nur zu gesundheitlichen Problemen und Spätfolgen, sondern ggf. auch zu

Verhaltensauffälligkeiten und gefährlichen Situationen mit den Schülern.

Der Organismus des Hundes benötigt eine gewisse Zeit bis sich die Stressreaktionen des Körpers wieder auf ein normales Level eingestellt haben. Je nach den vorherigen stressigen Situationen kann es Stunden, Tage, Wochen oder gar Monate dauern, „bis ein Hund sein inneres Gleichgewicht wieder gefunden hat und auf Anforderungen wieder normal belastbar reagiert". (CORDT S. 51) Das bedeutet, dass wir als Lehrer nicht nur die einzelne Situation im Blick haben müssen, sondern alles auch im großen zeitlichen Zusammenhang sehen sollten.

Die Beobachtung von Stresssignalen als Indikator für Stress ist recht subjektiv. Die einzige objektive Möglichkeit den Stresspegel des eigenen Hundes auf Dauer festzustellen ist die Pulsmessung! Eine Messung von Stress-assoziierten Botenstoffen in Körpersubstanzen wie Blut, Urin, Speichel oder Kot sowie die Messung des Blutdrucks beim Hund ist uns als Laien auf dem Gebiet nicht möglich. Der Puls des Hundes kann an der Innenseite des Oberschenkels gemessen werden. Dabei ist die normale Pulsfrequenz bei Hunden sehr unterschiedlich und liegt bei großen Hunden zwischen 60 und 100 Schlägen in der Minute und bei kleinen Hunden zwischen 90 und 160 Schlägen. Der Puls beim Hund schlägt dabei unregelmäßig!

Grundvoraussetzung ist also die Ermittlung des Ruhepulses beim eigenen Hund. Dazu muss er sich daran gewöhnen, dass wir ihm selbstverständlich und sicher an die Innenseite des Oberschenkels greifen und kurzzeitig seinen Puls fühlen. Nur wenn dieser Vorgang selbstverständlich ist, kann ich auf Dauer in vermeindlich stressigen Situationen über die Pulsfrequenz den wahren Stresspegel meines Hundes erfassen! Idealerweise sollte man diese Aktion auf Dauer mit einem Signalwort wie z.B. „Puls" belegen, damit der Hund sich schnell auf diese Aktion einstellen kann und der zusätzliche Stressfaktor reduziert wird.

Häufig kann man bei Hundebesitzern erleben, dass sie darauf hinweisen, dass ihr Hund sehr wählerisch mit Futter und Leckerchen ist, wenn er die Annahmen bei Fremden verweigert. Aber die Annahme oder Verweigerung der Leckerchen ist allgemein „ein Gradmesser für die An- oder auch Entspannung des Hundes. Werden die Leckerchen gern und ohne allzu große Hektik entgegen genommen, so ist dies ein Indiz dafür, dass der Hund die Situation als nicht allzu angespannt empfindet. Nimmt der Hund sie allerdings ungewohnt(!) hektisch oder auch gar nicht, so ist dies ein Anzeichen dafür, dass er bereits sehr gestresst ist." (CORDT S. 63)

Gestresste Hunde benötigen zunächst einmal ausreichende Ruhezeiten in der Schule und auch zu Hause um den Stresspegel langsam herunterzufahren. Dabei ist sicherzustellen, dass sie dann auch wirklich ungestört sind. Eine Umfrage von Nagel/ v.Reinhardt ergab, dass der Durchschnitt der Stresspunkte bei den Hunden geringer war, wenn sie viele Stunden des Tages ruhten. „Hunde, die weniger als 17 Stunden pro Tag schlafen oder ruhen, haben einen deutlich höheren Stresspunktwert als der Gesamtdurchschnitt. Es muss also davon ausgegangen werden, dass jeder Hund die Möglichkeit haben sollte, 17 Stunden täglich zu schlafen oder zu ruhen." (NAGEL/v.REINHARDT S.65/66)

Stress kann beim Schulhund reduziert werden, indem er zusätzliche Sicherheit und Unterstützung durch klare Signale und die Entwicklung von Ritualen erhält, die den Stresspegel in der Schule senken.

Klare Signale der Pädagogin dem Hund gegenüber sollten eigentlich selbstverständlich sein, aber in der Praxis zeigt sich, dass das häufig nicht zutrifft. Wird ein Hund z. B. von seiner Besitzerin in einem Raum oder bei einer anderen Person zurückgelassen, so erhält dieser erfahrungsgemäss sehr häufig kein klares verbales und/oder nonverbales Zeichen, dass er für eine Zeit ohne seine Bezugsperson dort zurückbleiben muss. Dabei hilft dies den Hunden, sich auf die Situation einzustellen und der Stress wird somit reduziert.
Rituale sind Handlungen, die nach vorgegebenen Regeln ablaufen und als Hilfestellung für den Hund dienen um sich schneller auf die verschiedenen Anforderungen einzustellen.

Hunde reagieren besonders auf optische Signale und dies sollten wir zu ihrer Unterstützung und zur allgemeinen Stressminderung nutzen. Für die Arbeit in der Schule können wir zum Beispiel ein besonderes Geschirr anlegen, dass nur zum Einsatz kommt, wenn der Hund dort arbeitet. Das Geschirr bietet zusätzliche Sicherheit, damit es bei

Übungen mit Schülern an der Leine zu keinen Problemen kommt.

Die Ruhebox oder der Ruheplatz symbolisiert dem Hund, dass er dort jederzeit ungestört ruhen kann bzw. soll und eine andere Decke kann in der Klasse als Streicheldecke positiv besetzt werden, auf der der Hund engen Kontakt zu einzelnen Schülern und Streicheleinheiten haben kann, wenn er möchte.

Bei den Übungen mit einzelnen Schülern haben sich Leckerlibeutel bewährt, die die Schüler an ihrer Hose befestigen können, um jederzeit zur Belohnung ein Leckerchen zur Hand zu haben. Dies zeigt dem Hund ohne Worte, dass er mit diesem Schüler arbeiten soll und dafür belohnt wird. Durch solche Rituale kann sich der Hund schneller auf bestimmte Situationen einstellen und der Stress für ihn wird reduziert.

Aber nicht immer gelingt es Stress vom Hund fernzuhalten. Durch die vielen verschiedenen Eindrücke in der Schule, das zeitweise relativ unruhige Umfeld, den Stress der Besitzerin und viele andere Faktoren ist es immer wieder wichtig, neben ausreichenden Ruhephasen andere Möglichkeiten des Stressabbaus zu kennen, um den Hund zu entlasten.

Bewegung ist eine Möglichkeit, die fast alle Hundebesitzer als regelmäßige Notwendigkeit beim Hund erkannt haben und die Besitzerinnen von Schulhunden in der Regel nach der Arbeit in der Schule einsetzen, um dem Hund und sich selber einen Ausgleich zu verschaffen. Wenn aber nicht sofort die Möglichkeit für einen ruhigen Spaziergang gegeben ist, um die Anspannung im Körper abzubauen, können wir den Hund auch mit einem Kauknochen oder einem Kong versorgen, den er bearbeiten kann. „Da gerade die Kiefergelenke ein Gradmesser für die Anspannung des Körpers sind, liegt es nahe, diese zu lockern, damit sich der Hund wieder entspannen und wohl fühlen kann.". (CORDT S. 63)

Als Entspannung für Hund und Lehrerin haben sich in und außerhalb der Schule auch Tellington-Touches bewährt. Sie wurden vor über 30 Jahren von Linda Tellington-Jones für Pferde entwickelt. „Es steht schon lange fest, dass Massage die Muskeln entspannen kann. Der TTouch geht aber noch einen Schritt weiter. Mit dem TTouch erreichen sie nicht nur die Entspannung des Körpers, sondern sie wecken das Bewusstsein und die Bereitschaft des Hundes, sich zu konzentrieren. Es wird ihm in neuer Weise möglich, zu lernen und zu kooperieren. Bleibende Veränderungen der Persönlichkeit entstehen normalerweise schon nach wenigen kurzen Behandlungen. Mit nur zwei bis zehn Minuten TTouch pro Tag werden sie unerwartete Veränderungen erreichen." (TELLINGTON-JONES S. 6)

Die Touches entspannen, stärken das gegenseitige Vertrauen zwischen Lehrerin und Hund und führen zu innerer Ruhe für beide Seiten! Neben den TTouches gehört auch ein Führ- und Hindernistraining zum Konzept. Es fördert das Vertrauen und das Selbstbewusstsein des Hundes. Einige Elemente aus diesem Bereich können auch wieder effektiv im Unterricht eingesetzt werden – zur Entspannung und zum Aufbau des Selbstbewusstseins von Hund und Schülern.

3.1.7. Welpen in der Schule sind „in"!

In den letzten Jahren hat sich der Einsatz von Schulhunden nach den mir bekannten Zahlen sehr erhöht. Viele neue Hunde pro Jahr kamen in die Schulen und vermehrt handelte es sich dabei um Welpen, die sehr häufig der Rasse der Labrador Retriever angehören.

Am einfachsten nachvollziehen lässt sich die Geschichte der Klassenhündin Charlie, die auf einer separaten Homepage zur Freude der Schüler von der Lehrerin Anne Vielsäcker dargestellt ist. Auch in den Medien fand das Projekt an der Michael-Ende-Schule, einer Grund- und Hauptschule in Bad Schönborn vielfache Beachtung und war damit wahrscheinlich Initiator für viele andere Welpen in der Schule. Die Labrador Retrieverhündin Charlie wurde im September 2006 geboren und kam ab November 2006 mit in die Klasse 7a. Jeden Morgen wartet der jeweilige Hundedienst auf dem Parkplatz, um mit Charlie einen Morgenspaziergang zu machen, während Frau Vielsäcker schon in die Schule geht. Anschließend wird Charlie ins Lehrerzimmer gebracht, um auch die Kolleginnen zu begrüßen. Die nächste Zeit verbringt sie mit im Unterricht, bis der Hundedienst wieder mit ihr Gassi geht. Sind die Schüler oder Charlie zu abgelenkt oder unruhig, wird sie ins Lehrerzimmer gebracht, damit sie zur Ruhe kommen kann.

Während des Unterrichts gibt es immer wieder kleine Einheiten, um den Schülern zu vermitteln, welche Regeln beim Umgang mit Charlie zu beachten sind, damit Hund und Schüler nicht auf Dauer verwirrt sind. Die Schüler achten auch mit darauf, dass Charlie keine gefährlichen Dinge frisst, die sie immer wieder findet. In den Pausen durfte sie zunächst noch nicht mit auf den Schulhof, sondern blieb mit dem Hundedienst im Klassenzimmer oder auf dem Feld. Bei einem Klassenwechsel von Frau Vielsäcker begleitet Charlie sie häufig in die anderen Klassen. Manchmal sorgt sie aber noch für zu viel Unruhe und verbringt die Zeit dann im Lehrerzimmer. Seit dem Schuljahr 2007/2008 begleitet Charlie ihre Besitzerin regelmäßig in die neue Klasse .... (nach www.unser-klassenhund.com 03.03.2009)

Auch die Labradorhündin Paula kam ab der 9. Lebenswoche Anfang 2007 regelmäßig mit in die Kerpenschule, einer Schule für Lernbehinderte in Illingen. Ihr Besitzer Meinhard Volz verbringt mit ihr den Schulalltag in der Klasse 3/4. Dort gibt es ebenfalls einen Hundedienst, der für die Spaziergänge in den Pausen zuständig ist und mit Paula spielen darf. Im Vorfeld des Projektes wurde der Hund im Sachunterricht behandelt und alle Schüler der Klasse machten zunächst einen Hundeführerschein. Auch die Spaziergänge wurden zunächst gemeinsam mit Herrn Volz erledigt, aber jetzt hat die Klasse viele kleine Hundeexperten. (nach www.kerpenschule.de 03.03. 2009)

Die Labradorhündin Mika wurde zum Schuljahr 2007/08 gemeinsam mit 110 Schülerinnen und Schülern an der Friedrich-Ebert-Schule, einer Gesamtschule in Schwalbach eingeschult. Die im Mai 2007 geborene Hündin gehört Simone Grund und nimmt regelmäßig am Unterricht der Klasse 5b (b wie Bello) teil, für die sich etwa 50 Kinder angemeldet hatten. Die Schüler der Klasse wurden mit Unterstützung einer Hundeschule auf das Leben mit dem Schulhund vorbereitet.

An der Graf-Soden-Realschule in Friedrichshafen bringt Vanessa Dörr regelmäßig ihre Labradorhündin Mogli mit in die Schule, die im Juni 2007 geboren wurde. Und am Berthold Gymnasium in Freiburg wird Stefanie Buchholz seit dem Herbst 2007 ein- bis zweimal in der Woche von ihrer Labradorhündin Anny in die 6a begleitet. (www.berthold-gymnasium.de 03.03. 2009)

Dies sind nur einige Beispiele vom Einsatz von Welpen in der Schule und es läuft scheinbar alles ohne Probleme!

3.1.8. Eigene Erfahrungen mit einem Welpen als Schulhund

Auch ich habe mittlerweile einen Welpen in der Schule eingesetzt, obwohl ich ursprünglich einen älteren Zweithund an die Arbeit in der Schule heranführen wollte. Meine Hündin Sandy wird bald 8 Jahre alt und ich reduziere ihren Einsatz bewusst immer mehr und setze sie gezielter ein. Meine Zweithündin Bea kam mit 9 Wochen das erste Mal mit in die Schule.

Ursprünglich sollte ich in den letzten zwei Wochen vor den Sommerferien nur noch wenige Stunden unterrichten und Bea sollte sich in dieser Zeit in einem Nebenraum unter der Aufsicht weniger ausgewählter Schüler, und natürlich meiner Oberaufsicht, aufhalten um den Schulstress für sie möglichst gering zu halten. Aber Planungen müssen in der Schule häufiger kurzfristig geändert werden und so war Bea vor den Sommerferien 2008 zwei Wochen lang über 20 Stunden wöchentlich in der Schule, da sie noch nicht lange allein zu Hause bleiben konnte!

Erstaunlich war für mich die besondere Faszination, die ein Welpe auf alle Menschen und besonders auf Schüler hat. Obwohl Sandy schon seit 2002 regelmäßig in der Schule anwesend ist und die Schüler sie sehr mögen, war es die schwierigste Aufgabe, die Streichelattacken der Schüler einzugrenzen und sie von dem  Welpen fernzuhalten, um Bea nicht zu überfordern. Auch die Kolleginnen erhielten klare Instruktionen und der Welpe wurde möglichst nur in und aus der Schule gebracht, wenn die Schüler noch nicht anwesend waren oder sich in den Klassen aufhielten.

Mit den 13- bis 18-jährigen Schülern meiner damaligen Klasse waren noch einmal klare Regeln zum Umgang mit dem Welpen erarbeitet worden und nur besonders zuverlässige Schüler durften unter Anleitung im Nebenraum auf Bea aufpassen, während die Schüler ihre Arbeiten erledigten und ich die Klasse unterrichtete. Aber auch die schwierigsten Schüler bemühten sich, sehr vorsichtig Kontakt zu dem Welpen aufzunehmen und da auch Bea am liebsten in meiner Nähe war, hielt sie sich schon nach kurzer Zeit regelmäßig in unserem Klassenraum auf. Die Jugendlichen verhielten sich erstaunlich ruhig und achteten darauf, den Welpen möglichst wenig in seinen häufigen Schlafphasen zu stören.

Die positiven und negativen Seiten des Welpen in der Klasse sind bei allen Schülern immer noch präsent, wie sich in Gesprächen immer wieder zeigt. Die Notwendigkeit der ständigen Beobachtung, um Pfützen zu reduzieren oder das Fressen von ungeeigneten Utensilien zu verhindern, ist deutlich geworden. Die häufige Suche Beas nach intensivem Körperkontakt war für alle Schüler ein Erlebnis und heute noch sind alle fasziniert, wie innerhalb so kurzer Zeit aus so einem kleinen Wesen ein so großer Hund werden kann.

Aber besonders in diesen ersten zwei Wochen war ich nicht nur auf die Unterstützung meiner Schüler, sondern auch ständig auf die meiner Kolleginnen angewiesen. Denn ein Welpe kann und will noch nicht lange ohne Aufsicht bleiben, ist nicht stubenrein, beherrscht keine Kommandos, hat alles zum Fressen gern, hat nur Dummheiten im Kopf, kann nicht mit in den Fachunterricht in andere Klassen oder in die Pausenaufsicht …!

Auf Dauer hatte ich, trotz ständiger Überlegungen, nicht daran gedacht, dass Hunde im ersten Lebensjahr möglichst wenig Treppen gehen sollten … und unser Klassenraum befand sich in der 2. Etage! Zunächst kein besonderes Problem, aber sehr schnell wurde aus dem wenige Kilo schweren Welpen eine knapp 30 Kilo schwere Hündin, die nur mit Mühen getragen werden konnte bzw. wollte!

Welpen haben auch sehr spitze Zähne, die sie noch nicht immer unter Kontrolle haben und buddeln natürlich zusätzlich gern im Dreck. Eine Überprüfung des Tetanusschutzes bei mir war überfällig. Bei den Schülern ist er Gott sei Dank in dem Alter in der Regel noch gegeben!

Neben den Schülern meiner Klasse durften nur drei Schülerinnen der Schule direkten Kontakt zu Bea aufnehmen. Die Mädchen hatten bereits seit einiger Zeit im Einzelunterricht Erfahrung im Umgang mit Sandy gesammelt. Diese Rolle unterstützte natürlich ihr Selbstwertgefühl und sie genossen den Neid vieler Mitschüler, die zu gern dieses kleine Wesen gestreichelt hätten.

Seit den Sommerferien 2008 unterrichte ich nun in einer Unterstufenklasse, die aus mittlerweile 20 Schülern der Schuljahre

1 - 4 besteht. Häufiger ist diese Klasse mit zwei Kolleginnen besetzt, so dass Bea mit mir zeitweise in einer Gruppe von 12 Schülern und Schülerinnen ist, die im 4. Schulbesuchsjahr sind. Alle freuen sich, wenn Bea da ist, aber besonders drei Schüler, von denen zwei sich eigentlich immer sehr um den Kontakt zu Bea bemühen, schaffen es nur begrenzt, sich ruhig zu verhalten. Immer wieder kommt es zu massiven Beschimpfungen und manchmal zu körperlichen Attacken zwischen den Schülern, die den Klassenfrieden stören.

Die zeitweise Unruhe, die sich besonders verstärkt wenn alle 20 Schüler anwesend sind, möchte ich Bea nur begrenzt zumuten, obwohl sie sich auf den ersten Blick damit ganz gut arrangieren kann. So kommt sie zurzeit nur noch an vier Tagen mit in die Schule. In zwei Stunden Einzelarbeit wird sie gezielt bei den schwierigen Schülern eingesetzt, um mit ihrer Unterstützung das Verhalten der Schüler zu reflektieren, ihre Wahrnehmung zu schulen, Regeln zum Umgang mit Mensch und Hund zu erarbeiten, ihr Selbstbewusstsein aufzubauen ... Wird es in den übrigen 11 Stunden, in denen sie in der Klasse anwesend ist, zu laut, zieht Bea sich zeitweise selbstständig auf den Flur zurück oder ich bringe sie in unseren alten Klassenraum, in dem sie mittlerweile häufig entspannt schläft und nicht mehr wartend vor der Tür liegt.

Sehr spannend für alle ist Beas Einsatz in der Hunde-AG. Dort beschäftigen sich 9 Schüler der Mittel- und Oberstufe mit Bea und Sandy und dem allgemeinen Thema Hund. Die teilnehmenden Schüler haben unterschiedliche Beziehungen zu den beiden Hunden aufgebaut und besonders bei den praktischen Übungen mit ihnen zeigen sich die Unterschiede zwischen der erfahrenen Schulhündin Sandy und der Junghündin Bea. Bea verfügt zwar bereits über einen gewissen Grundgehorsam und beherrscht einfache Übungen wie Sitz, Platz, Bleib, aber in manchen Situationen ist sie noch nicht sicher und wird durch die teilweise Unsicherheit der Schüler weiter verunsichert.

Hier liegt m. E. auch der gravierende Unterschied zwischen dem Einsatz eines ausgewachsenen Hundes in der Schule und dem Einsatz eines Welpen oder Junghundes. Junge Hunde sind in ihrem Wesen noch nicht gefestigt. Besonders in bestimmten Entwick-lungsphasen entwickeln sie Unsicherheiten und Ängste, die gut beobachtet werden müssen, damit es auf Dauer keine Probleme beim Einsatz in der Schule gibt.

3.1.9. Besondere Bedingungen für Welpen

Langjährige Erfahrungen mit Hunden in der Schule, und besonders mit Welpen, gibt es bisher nicht! Ich weiß durch Zufall von einigen älteren Schulhunden, die nach einiger Zeit nicht mehr mit in die Schule kamen, da der Stress für sie auf Dauer zu groß war. Und auch meine Hündin Sandy begleitet mich viel weniger und gezielter in die Schule als am Anfang des Projektes, da ich trotz langsamer Heranführung an die Schule und einer Ausbildung im Team den Stress in der Schule auf Dauer unterschätzt habe.

In diesem Kapitel möchte ich nur auf einige Punkte hinweisen, die m. E. besonders im Zusammenhang mit Welpen in der Schule Beachtung finden sollten. Da die Hunde, und besonders die Welpen, erst seit kurzer Zeit in Schulen eingesetzt werden, kann über Spätfolgen durch Überforderung noch nichts gesagt werden. Die Hunde können uns nur nonverbal mitteilen, wie sie ihren Einsatz in der Schule sehen und nach meinen Erfahrungen sind die Lehrerinnen nicht immer in der Lage ihre Hunde und ihr Verhalten klar zu interpretieren und daraus entsprechende Schlüsse zu ziehen. Da die Welpen in ihrem Verhalten noch nicht gefestigt sind, sondern wichtige Entwicklungsprozesse ablaufen und adäquat unterstützt werden müssen, spielen das richtige „Lesen" der Welpen und die entsprechenden Reaktionen der Besitzerin aber hier eine ganz entscheidende Rolle.

Vermehrt werden Labradorwelpen mit in die Schule genommen, denn allgemein wird ihnen nachgesagt, dass sie die idealen Familienhunde sind, da sie ausgesprochen kinderlieb, ausgeglichen, aufgeweckt und friedfertig sind. Allgemein also gute Charaktermerkmale für einen Schulhund. Aber wie oben bereits erwähnt, werden diese Merkmale im Endeffekt erst durch Aufzucht, Sozialisation und Ausbildung des Hundes gefestigt. Laufen hier besonders im entscheidenden ersten Lebensjahr Dinge falsch, kann der Hund möglicherweise in der Schule auf Dauer nicht mehr êingesetzt werden. Die Lehrerin, die einen Welpen mit in die Schule nimmt, hat also eine sehr viel größere Verantwortung als eine Kollegin, die einen erwachsenen ausgebildeten Hund mit in die Schule nimmt!

Feddersen-Petersen bestätigte bei einer Untersuchung zur Verhaltensentwicklung von Labrador Retrievern und Golden Retrievern Ergebnisse von Immelmann von 1988, „dass vor allem beim Sozialverhalten erworbene Verhaltensanteile eine wichtige Rolle spielen", wobei aber „eine saubere Trennung zwischen `angeboren´ und `erworben´ nicht möglich ist". (FEDDERSEN-PETERSEN 1992 S. 144) Sie erläutert weiterhin, dass alle Erfahrungen auch von der genetischen Konstitution abhängig sind, diese aber im Alter von 8 Wochen auch in Welpentests nicht vorherzusehen sind! Ihr Schlusssatz zu dem Thema lautet: „Die Annahme genetischer Verhaltensrahmen bedeutet also nicht, dass dieses Verhalten starr vorprogrammiert ist." (FEDDERSEN-PETERSEN 1992 S. 147) Diese Ausführungen wurden in der Praxis mit Hunden vielfach bestätigt.

Die Grunderziehung des Welpen kann natürlich erst langsam erfolgen und es ist pädagogisch sehr wertvoll, dass die Schüler diesen langsamen Prozess miterleben und erkennen, dass ein junger Hund auch viel Arbeit macht. Trotzdem ist es kaum möglich, dass eine Vielzahl von Schülern dem jungen Hund immer die richtigen Signale zur richtigen Zeit geben, um ihm eine optimale Grunderziehung zukommen zu lassen, die er als Schulhund auf Dauer natürlich benötigt. Besonders durch die verständlicherweise häufig wechselnden Hundedienste der Schüler, die sich alle zunächst im Umgang mit dem Welpen einüben müssen, sind fehlerhafte Reaktionen auf das Verhalten der Welpen selbstverständlich. Nicht ohne Grund appellieren viele erfahrene Hundetrainerinnen und Hundebesitzerinnen dafür, dass auch zehn- bis zwölfjährige Kinder nicht allein mit Hunden spazieren gehen, denn sie haben oft kaum eine Chance sich gegen den Willen der Hunde durchzusetzen und erkennen Gefahren mit ihm oft nicht bzw. setzen dem Tier die falschen Signale. Bei Schulhunden spielt dies noch einmal eine besondere Rolle, denn sie sollen die Lehrerin ja eigentlich viele Jahre in die Schule begleiten und auf einem recht hohen Niveau arbeiten. Viele erfahrene Besitzerinnen von angehenden Schul- oder Therapiehunden überlassen ihre Hunde im ersten Lebensjahr nur sehr wenigen erfahrenen Erwachsenen, damit es zu möglichst wenigen falschen Verknüpfungen bei den Hunden kommt und sie mit einer optimalen Basis in ihr späteres Berufsleben starten.

Da Kinder unter vierzehn Jahren auch schuldunfähig sind, haftet nebenbei auch in jedem Fall die Lehrerin und Hundebesitzerin für auftretende Schäden. Die versicherungstechnischen Fragen zum Schulhund werden später noch näher erläutert.

In diesem Zusammenhang sind aber auch die sensiblen Phasen des Hundes noch einmal von besonderer Bedeutung. In diesen Phasen lernt der Hund besonders schnell und einprägsam verschiedene Verhaltensweisen positiver und negativer Art. Dabei sind die Entwicklungsphasen nicht klar einzugrenzen und sollten auch nicht überbetont werden, da die Entwicklung bei den verschiedenen Hunderassen in einem sehr unterschiedlichen Zeitrahmen abläuft. Dorit Feddersen-Petersen bezeichnet sie als sinnvolle Hilfskonstruktion, die jedem Welpenbesitzer wichtige Anhaltspunkte für die Erziehung des Hundes geben kann. (FEDDERSEN-PETERSEN 2004 S. 238)

Während der Entwicklung der Hunde kommt es durch körperliche Veränderungen, z. B. in den ersten Lebenswochen, zu einer großen „Umweltoffenheit des Organismus, der über die Sinnesorgane erste Umwelteindrücke aufnimmt und rasch Erfahrungsinhalte im Gedächtnis speichert". „Gemeinsam mit den erblich vorgegebenen Informationen" entsteht daraus ein „Bestand an Kenntnissen, der durch Fehlen dieser Lernmöglichkeiten in einem bestimmten Alter zu negativen Folgen wie Unsicherheit und Angst führt". (FEDDERSEN-PETERSEN 2004 S. 238)

„Prägungsartiges Lernen beschreibt ... weniger das eigentliche Lernen als vielmehr eine besondere Erscheinungsform des Gedächtnisses zu bestimmten Zeitabschnitten." In bestimmten Entwicklungsphasen werden Erfahrungen dauerhafter gespeichert. (FEDDERSEN-PETERSEN 2004 S. 240) Die Grenzen von Entwicklungsphasen werden dabei durch physiologische, morphologische und verhaltensbiologische Veränderungen beim Hund gekennzeichnet.

Oft sind immer wieder sogenannte Spooky-Phasen zu beobachten in denen Hunde Ängste vor Lebewesen, Gegenständen oder Abläufen, die sie vorher nicht gezeigt haben, entwickeln. Unter anderem ist dies auch in der Pubertät der Hunde immer wieder zu beobachten, da sie durch die hormonelle Veränderung verunsichert sind. Das Wissen um diese Phasen erleichtert das Umgehen damit und durch eine vorsichtige Desensibilisierung wird verhindert, dass es auf Dauer zu Problemen kommt!

Der Punkt Stress, der bereits oben näher ausgeführt wurde, spielt natürlich bei einem Welpen noch einmal eine besondere Rolle, da er in seinem Wesen noch nicht gefestigt ist und sowieso im ersten Lebensjahr noch sehr viele Ruhephasen braucht. Auch der Bewegungsradius sollte am Anfang eingeschränkt sein, um ihn nicht zu überfordern. Allgemein kann sich ein Welpe noch nicht selbst einschätzen und steuern, so dass der Lehrerin hier eine sehr wichtige Aufgabe zukommt.

Wie unten noch näher ausgeführt wird, setze ich das nötige Faktenwissen zum Thema Hund hier natürlich voraus, so dass jede Lehrerin wissen muss, dass das Schwanzwedeln eines Welpen nicht nur Freude, sondern ebenso Aufregung des Hundes bedeuten kann und somit vielleicht auch negative Empfindungen anzeigt. Es darf ebenfalls nicht vergessen werden, dass positiver Stress auf Dauer gleichfalls negativ wirkt und den Welpen völlig überfordern kann. Oft zeigt sich das ganze Ausmaß der Überforderung erst nach langer Zeit und nicht unbedingt direkt in der Schule. Ich hoffe für alle Beteiligten, dass der momentane Welpenboom in den Schulen nicht zu Hunden führt, die nur kurze Zeit gefahrlos für Tier und Mensch in der Schule eingesetzt werden können!

Im Bereich Gesundheitsprävention ergibt sich noch ein zusätzliches Problem beim Einsatz von Welpen in der Schule, denn einige Zoonosen können verstärkt durch Welpen übertragen werden. Die Befallsrate von Campylobakteriose bei Hunden beträgt z. B. bei erwachsenen Tieren 50 % aber bei Welpen 75 %. „Vor allem neu erworbene Hundewelpen und Junghunde bis zu einem halben Jahr sind häufig Ausscheider von C. jejuni, ohne selbst Krankheits-symptome zu zeigen." Auch die Befallsrate von Giardiose kann bei Welpen bis zu 20 % betragen, im Gegensatz zu einer Durch-schnittsrate von ca. 8 % bei erwachsenen Hunden. Die Ausscheidung von Spulwürmern erfolgt ebenfalls in erster Linie durch junge Hunde. (ROBERT KOCH INSTITUT S. 12-18)

3.2. Bedingungen der Lehrerin beim Einsatz eines Hundes in der Schule

Kurt Kotrschal und Brita Ortbauer fragen am Ende ihres Berichtes über „Kurzzeiteinflüsse von Hunden auf das Sozialverhalten von Grundschülern" (OLBRICH/OTTERSTEDT S. 272) ob man nicht „interessierten Lehrerinnen und ihren Hunden entsprechende Ausbildungs- und Einsatzmöglichkeiten" anbieten sollte. Dabei liegt ein Schwerpunkt natürlich auf dem Interesse der Lehrerinnen, denn nicht jeder sieht es als positiv an, wenn ein Hund ihn in eine Klasse begleiten soll. Und nicht jeder verfügt über die Sachkenntnis, um einen Hund gefahrlos für Hund und Schüler im Unterricht einzusetzen. Ein weiterer wichtiger Aspekt, der nicht sofort erkennbar ist, liegt m. E. aber auf dem Begriff „Lehrerinnen".

3.2.1. Sicherheit im Beruf

In der letzten Zeit werden im Rahmen der Lehrerausbildung zunehmend Arbeiten zum 1. und 2. Staatsexamen oder zum Diplom über den Einsatz von Schulhunden geschrieben. Besonders viele junge Frauen sind begeistert davon, ihre Liebe zum Hund mit ihrem Beruf verbinden zu können. Sie träumen davon ihren Hund oder endlich einen Hund an ihrer Seite zu haben, der sie im Referendariat oder in den ersten Schuljahren ständig begleitet. Hier liegt meines Erachtens ein schwerwiegender Denkfehler, der hoffentlich in der nächsten Zeit nicht zu Problemen im Bereich der Hundegestützten Pädagogik in der Schule führen wird, denn wie die Fragebogenaktion bestätigt hat, setzen häufiger auch Kolleginnen mit geringer Berufserfahrung Hunde im Unterricht ein. 12 % besitzen nur eine Berufserfahrung von 0 – 2 Jahren, 14 % von 3 – 5 Jahren.

Eine effektive Arbeit mit einem Hund in der Schule ist aber nur möglich, wenn die Lehrerinnen über eine ausreichende Sicherheit im Beruf verfügt. Die Arbeit mit dem Tier läuft überwiegend neben dem normalen Unterrichtsgeschehen ab und kann nur gelingen, wenn viele andere Grundbedingungen erfüllt sind und die Pädagogin die normalen Unterrichtsprozesse souverän beherrscht. Die Vermittlung verschiedener Unterrichtsinhalte und der Kontakt zu den Schülern müssen weitgehend sicher beherrscht werden. Besonders im Referendariat und in der ersten Zeit des Lehrerinnendaseins entsteht durch die notwendige Beachtung der vielfältigen neuen Faktoren ein oft recht hohes Stresspotential.

Mirjam Cordt weist in ihrem Buch darauf hin, dass die Stimmungs-übertragung ein nicht zu unterschätzender Faktor beim Umgang mit Hunden ist. Die Stressreaktionen des Körpers der Pädagogin „(Anspannung der Muskulatur, Weiten der Pupillen, Steigen des Adrenalinspiegels, tiefere Atmung zur vermehrten Versorgung des Blutes mit Sauerstoff, schnellere Herzschläge, vermehrte Schweißproduktion etc.)" senden eindeutige Signale auf verschiedenen Sinneskanälen aus, die der Hund viel früher wahrnimmt als ein Mensch. (CORDT S.108)

Diese Signale wirken sich auf jeden Hund negativ aus, besonders wenn man über lange Jahre eine enge Beziehung zu ihm aufgebaut hat. Gerade durch das besondere Gespür der Hunde für die Stimmungen der Menschen und die enorme Fähigkeit die nonverbale Kommunikation zu erfassen, werden sie durch die hohe Stressbelastung der Besitzerin verunsichert und die Reaktionen sind, besonders bei einer fehlenden Spezialausbildung, nicht immer berechenbar.

Genauso fatal kann sich die Situation gestalten, wenn der Hund noch keine enge Bindung aufgebaut hat und auch eine spezielle Ausbildung fehlt. Da er die Ursache der Probleme nicht erfassen kann und auch keine Stärkung durch die Führung der Lehrerin bekommt, übernimmt der Hund ggf. selbstständig die Initiative, um die Probleme bzw. die Reaktionen darauf zu lösen – und wird dadurch evtl. zu einer Gefahr für die Schüler!

Besonders Referendarinnen oder Kolleginnen zu Beginn ihrer Berufszeit benötigen noch sehr viel Zeit außerhalb der Schule, um den Unterricht so vorzubereiten, dass er zur Zufriedenheit aller gut abläuft. Somit ist die Freizeit eben nicht immer frei von schulischen Belangen. Allgemein zeigt sich aber immer wieder, dass dieser enorme Zeitaufwand unterschätzt wird, ebenso wie die hohen zeitlichen Anforderungen für die Beschäftigung und Ausbildung eines Hundes oder gar eines Welpen.

Somit erscheint es mir in der Regel klüger, zunächst eine gewisse Sicherheit im Beruf zu entwickeln, um den zusätzlichen Anstrengungen durch den regelmäßigen Einsatz eines Hundes gewachsen zu sein. Eventuell können spezielle Stunden, in denen die Konzentration überwiegend auf dem Hund liegt, Erfahrungen vermitteln, damit der Einsatz auf Dauer nicht zu Lasten des Hundes, der Schüler oder der Lehrerin geht.

3.2.2. Hundesachkenntnis

Neben der Sicherheit im Lehrerberuf ist natürlich auf jeden Fall eine gute Kenntnis zum Thema Hund und seinem Verhalten erforderlich, wenn dieser im Unterricht eingesetzt werden soll. Die Hundeführerin benötigt z. B. Fachkenntnisse im Ausdrucksverhalten des Hundes, über medizinische Grundlagen der Physis Hund, über entwicklungsbedingte Prozesse, das Lernverhalten von Hunden, Stresssymptome und vieles mehr.

Wie bereits erwähnt, verfügen 48 % der Lehrerinnen nur über eine Hundeerfahrung von 0 - 5 Jahren, wenn sie einen Hund in ihre pädagogische Arbeit einbinden. Dies geht in der Regel, wie ich aus eigener Erfahrung weiß, immer zu Lasten des Hundes!

Hauptaufgabengebiet der Lehrerinnen ist und bleibt der reguläre Unterricht, in den die Hunde häufig eingebunden werden. Somit kann das Augenmerk nicht immer auf den Interaktionen zwischen Hund und Schülern liegen und wenn dann die Hundeerfahrung und das nötige Hintergrundwissen fehlen, werden m. E. manche Situationen falsch eingeschätzt, die auf Dauer zu Problemen führen können.

„Hunde beziehen uns in ihre Welt ein und nehmen Anteil an unserem Leben, sie sind Partner. Das Verhältnis Mensch-Hund ist also ein wechselseitiges. Nun ist dieses Zusammenleben durchaus nicht immer unproblematisch. Hauptsächlich aus diesem Grunde: Hunde sehen Artgenossen in uns und sie behandeln uns auch relativ konsequent als solche, sie verhundlichen uns gewissermaßen. Diese Angleichungstendenz tritt ebenso beim Menschen auf – nur zu leicht wird Hundeverhalten vermenschlichend interpretiert. ... So resultieren bedenkliche Missverständnisse, es kommt zu Unfällen, zu Tierquälerei." (Dorit Feddersen-Petersen 1984 nach BERGLER S. 27 f)

Die Fragebogenaktion ergab, dass 70 % der Kolleginnen, die ihren Hund in der Schule einsetzen, ihren 1. oder 2. Hund besitzen. 42 % arbeiten sogar mit ihrem ersten Hund sofort in der Schule! Jeder Anfänger in irgendeinem Bereich weiß, dass dann natürlich noch viele Erfahrungen fehlen und viele Fehler gemacht werden, die allgemein zu Lasten des Tieres gehen! Besonders problematisch kann das, wie bereits angeführt, beim Einsatz von Welpen in der Schule werden.

Auch wenn viele Kolleginnen eine Grundausbildung mit dem Hund gemacht haben, geben doch 42 % an, keinerlei Ausbildung mit dem Hund absolviert zu haben. Dies ist besonders bei wenig Erfahrung mit dem Hund eine schlechte Grundvoraussetzung für eine qualitativ gute Arbeit in der Schule. Und auch die verschiedenen anderen Grund-ausbildungen, wie Begleithundausbildung, Wesenstest, Hundeführer-schein, sagen noch nichts über eine gute Qualifikation für die Schule aus! Frau Volk behauptete in ihrem Vortrag beim Kongress Mensch und Tier 2007 in Berlin: „Auch zeigt sich, dass die Hunde relativ gut ausgebildet sind. Neben dem obligatorischen Besuch einer Welpen- und Hundeschule haben ungefähr 60 Prozent der Hunde eine Ausbildung als Therapiehund, Begleithund oder sogar beides."

(Kongress Mensch und Tier Vorträge 2007 S. 30) Somit deckt sich das Ergebnis ihrer Befragung weitgehend mit meinem Fragebogenergebnis. Allerdings sehe ich einen gravierenden Unterschied zwischen einer Therapiehundausbildung und einer Begleithundausbildung und ich finde es höchst bedenklich, dass viele Kolleginnen mit wenig Hundeerfahrung ihre Hunde ohne jede Ausbildung dem Stress des Schulalltags aussetzen, besonders dann, wenn sie zusätzlich noch über wenig Berufserfahrung verfügen!

Nur ein gutes Hintergrundwissen, zu der auch „Kenntnisse über die hundliche Kommunikation, bewusst eingesetzte Körpersprache und Blickkontakte als wichtigste Kommunikationsmittel" gehören, ermöglicht eine souveräne Führung des Hundes während des laufenden Unterrichts. (Cordt S. 35) Je gelassener die Lehrerin agiert, „desto eher kann sich der Hund ihr wirklich anvertrauen. Unsere innere Ruhe überträgt sich auf den Hund." Je sicherer dieser sich fühlt, desto weniger ängstlich braucht er zu sein. Dadurch werden Überreaktionen verhindert, die meistens daran liegen, dass ein Hund mit einer Situation überfordert ist. Der Lehrer muss neben dem Unterricht den Hund immer unter Kontrolle haben und vorausschauend agieren. (Cordt S. 38)

3.2.3. Unterstützung durch das Umfeld

Immer wieder wird in Gesprächen deutlich, dass Überlegungen zum Einsatz eines Schulhundes schon im Ansatz scheitern, da die Lehrerin keine Akzeptanz und Unterstützung durch ihr privates Umfeld erhält.

Das Hilfsmittel Hund kann nicht wie ein Computer oder eine Videokamera nach Belieben ein- und ausgeschaltet werden bzw. über Wochen unbeachtet im Schrank liegen! Ein Hund ist ein Mitglied im Familienverband und beeinflusst auch hier die Interaktionen! Ebenso wie in der Schule wirkt er dort als Katalysator und verändert das Leben intensiver als ein normaler Familienhund. Für die Arbeit in der Schule muss er besonders gut erzogen sein und die Familienmitglieder müssen sich diesen Ansprüchen mit unterwerfen, damit es auf Dauer zu keinen Problemen im schulischen Alltag kommt. Unterschiedliche Erziehungsansätze der verschiedenen Familienmitglieder können bei einem normalen Familienhund zu Ärgernissen und Konflikten führen, die aber allgemein keine gravierenden Auswirkungen haben, da der Hund überwiegend in der Familie agiert. Bei einem Schulhund hat es eine andere Bedeutung, wenn er z. B. von bestimmtem Personen während der Mahlzeiten etwas am Tisch erhält oder sogar einfach nehmen darf. Animieren Familienmitglieder ihn z. B. an ihnen hochzuspringen, so kann dies in der Schule zu Problemen oder gar Unfällen führen.

Bei längeren Veranstaltungen, an denen der Hund nicht teilnehmen kann, im Krankheitsfall der Besitzerin oder des Hundes, im Urlaub - immer wieder ist die Lehrerin auf die Unterstützung anderer Personen zur Betreuung des Hundes und auf eine möglichst gleiche Erziehung angewiesen!

Von 50 befragten Kolleginnen gaben 44 an, dass sie ihre Hunde aus privaten Gründen angeschafft haben. D. h. Fast 88 % der Schulhunde waren zunächst primär als Familienhunde gedacht und wurden somit nach anderen Auswahlkriterien gekauft. Aber bei 40 % der Kolleginnen spielte der Gedanke, den Hund in der Schule einzusetzen, schon eine Rolle.

Immer wieder kommt es vor, dass sich Hunde auf Dauer doch nicht für den Einsatz in der Schule eignen, obwohl sie unter diesem besonderen Aspekt angeschafft wurden. Damit fällt für den Hund die anstrengende Zeit in der Schule weg und er fordert nach der Unterrichtszeit ein erheblich umfangreicheres Beschäftigungspensum, als wenn er Stunden mit in der Schule verbracht hat. Diese Möglichkeit der Entwicklung und die dann zusätzlich erforderliche Zeit wird häufig unterschätzt und man ist auf die Unterstützung seines sozialen Umfeldes besonders angewiesen.

3.2.4. Teambildung

Nicht jeder Hund, auch nicht jeder ausgebildete Schulhund, passt zu jeder Lehrerin! Auf Dauer müssen sich beide Partner zu einem guten Team entwickeln, um möglichst effektiv in der Schule arbeiten zu können. Also spielen nicht nur die vielen oben angeführten Punkte eine Rolle, sondern ein entscheidendes Puzzleteil ist auch die „Chemie" zwischen Lehrerin und Hund und der Fakt, ob sie auf Dauer als gut eingespieltes Team agieren können.

Jeder hat bestimmte Vorstellungen von einem Hund, den er sich anschaffen möchte und auf Dauer sind es häufig nicht die kognitiven

Aspekte, die den Ausschlag für einen Hundekauf geben. Die amerikanischen Psychologen Christenfeld und Roy haben 2003 festgestellt, dass Rassehunde oft wie ihre Besitzer aussehen. Scheinbar suchen Menschen sich Hunde aus, die ihnen ähneln. Es geht dabei aber nicht nur um oberflächliche Gemeinsamkeiten, sondern um eine subtilere Ähnlichkeit, die nicht immer genau erfasst werden kann. (DIE ZEIT 27. Mai 2004)

Eine gute Teambildung und Bindung ist eine wichtige Voraussetzung, um den regulären Unterricht störungsfrei abhalten zu können bzw. den Hund gezielt in die pädagogische Arbeit mit einzubeziehen. Eine Unterordnung erfolgt bei einem Team Lehrerin-Hund in der Regel ohne Worte und der Hund orientiert sich automatisch an der Besitzerin und ihren Erwartungen. Zu ca. 70 % findet die Hundegestützte Pädagogik im regulären Unterricht statt, so dass sie neben dem eigentlichen Geschehen abläuft. Nach der Umfrage arbeiten 82 % der Lehrerinnen mit ihrem Hund dabei nur im Team und verleihen ihn nicht an Kolleginnen. Nur eine Lehrerin (2 %) verleiht ihren Hund regelmäßig an andere Klassen.

Christian Rauschenfels schreibt dazu: „Wenn wir einen geeigneten Hund unter den geeigneten Voraussetzungen zu therapeutisch /pädagogischen Zwecken nutzen … wird dies bei geeigneter Heran-gehensweise auf allen Seiten große Freude bereiten und in den meisten Fällen auch eine förderliche Wirkung haben. … Wichtiger als der blinde Gehorsam sind also unsere offenen Augen für die verschiedenen Signale … Die gemeinsame Feinkommunikation kann durch die vier Vs – Verständigung, Verständnis, Vertrauen und Ver-bundenheit – zu einem blinden Vertrauen führen." (RAUSCHENFELS S.23)

Die vielfältigen Situationen in der Schule erfordern einen gut ausgebildeten, souveränen Hund und eine Besitzerin, die ihn und seine Signale gut lesen kann und ihm zusätzliche Sicherheit gibt. Ist diese Sicherheit und das Vertrauen in seine Führung nicht da, kann der Hund ggf. in Situationen selbst die Führung übernehmen, und somit evtl. zum Problem werden.

Silke Wechsung wies auf dem Kongress Mensch und Tier 2008 in Berlin darauf hin, „dass die Qualität der Mensch-Hund-Beziehung ausschließlich durch die Einstellungen und Verhaltensmuster der Halter ... geprägt wird." (Kongress Mensch und Tier Vorträge 2008 S.11)

Nur die zuständige Lehrerin kennt ihren Hund sehr gut und kann sein Verhalten sicher einschätzen und steuern. Marlene Zähner beschreibt in ihrem Aufsatz "Kann man den Therapiebegleithund züchten?" u. a. auch ihre Arbeit mit ihrem Hund Sooner in einem Alten- und Pflegeheim. Sie macht dabei sehr schön deutlich, wie wichtig es ist, die minimalen Verhaltensänderungen des Hundes zu erkennen um sie für die Arbeit zu nutzen. Sätze wie „Das leichte Zögern meines Hundes Sooner ... lenkte meine Aufmerksamkeit zurück in dieses Zimmer." „Sooner stand jetzt still und schaute direkt auf die zierliche Person ... und sein Blick wurde erwidert." „... ließ ich mich von ihm führen." „Lange Zeit der Ruhe, der Stille, ich ließ sie geschehen". „Ohne zu zögern stand Sooner auf, drehte sich um und führte mich zur Tür hinaus." „Wie immer zeigte er mir, wann er müde war...".

Besonders Stresssituationen und ihre Auswirkungen sind von anderen Personen nur begrenzt einzuschätzen. Stress äußert sich auch nicht immer direkt, wie bereits oben erläutert, sondern häufig erst, wenn sich zu viel angestaut hat und das kann somit auch damit enden, dass ein anderer Hund oder Mensch plötzlich attackiert wird.

Auch Sandra Müller schreibt, dass „vor allem eine enge Bindung zu einer festen und verlässlichen Bezugsperson ... unerlässlich ist, denn was dem Wohle des Menschen dienen soll, darf nicht zum Schaden des Tieres sein." („tiergestützte" Nr 3/2006 S. 9). Und Reinhold Bergler schreibt: „Es darf dabei nie vernachlässigt werden, dass das Mensch-Hund-Verhältnis ein solches der Wechselwirkungen ist und daraus verstanden und erklärt werden kann". (BERGLER S. 19)

Nach meiner Umfrage haben von 50 Kolleginnen 27 eine Teamausbildung mit ihrem Hund absolviert. D. h. der Hund wurde nicht ohne sie ausgebildet, sondern der Hund wurde gemeinsam mit seiner Besitzerin im Team ausgebildet. Wie bereits oben ausgeführt wird durch eine gemeinsame Ausbildung die Bindung zwischen Hund und Besitzerin noch einmal gestärkt, aber über den Umfang und die Qualität der Ausbildung kann durch diese Ergebnisse noch nichts gesagt werden.

Die Teamausbildung in einer normalen Hundeschule, in der die

Ausbilder keine besondere Qualifikation im Bereich der Tiergestützten Interaktion haben, unterscheidet sich auf jeden Fall sehr von einer Teamausbildung z.B. bei TAT, deren Schwerpunkt der Einsatz der Hunde in der Therapie ist.

3.2.5. Kenntnisse Hundegestützter Pädagogik

Die oben angeführten Punkte leiten zu diesem Kapitel über, in dem es um die allgemeinen Kenntnisse zum Bereich der Hundegestützten Pädagogik geht. Bei den Teamausbildungen geht es nur zum Teil um Ausbildungen im Bereich der Hundegestützten Intervention. Nach meiner Befragung hatten aber 17 von 50 Kolleginnen eine Teamausbildung speziell mit diesem Schwerpunkt gemacht.

Die Frage nach einer theoretischen Ausbildung im Bereich der Tiergestützten Pädagogik wurde von 90 % der Kolleginnen verneint. Dies hängt u. a. mit dem geringen Ausbildungsangebot in diesem Bereich zusammen, aber natürlich auch mit dem außerordentlich hohen finanziellen und zeitlichen Einsatz, der neben dem normalen Berufsleben erforderlich ist.

Wird ein Hund in der Schule eingesetzt, muss zumindest ein Grundwissen über Bedingungen und Prozesse der Tiergestützten Intervention vorhanden sein. Nur so kann eine effektive Arbeit in der Schule stattfinden, die nicht zu Lasten der Tiere und der Schüler geht.

Dabei darf natürlich auch der Tierschutzaspekt nicht vernachlässigt werden! Im Positionspapier des Schweizer Tierschutzgesetzes steht: „Im Gegensatz dazu muss aber betont werden, dass Tiere i. d. R. wenig bis nichts vom direkten Kontakt mit Kindern profitieren, mit der Ausnahme von gut sozialisierten Hunden. Umso wichtiger ist es, dass Tiere auf jeden Fall in tiergerechten Gehegen und Sozialgruppen gehalten werden und Kinder nur unter Anleitung von fachkundigen Erwachsenen Kontakt zu ihnen pflegen." (SCHWEIZER TIERSCHUTZ S. 4)

Oft sind es die kleinen Prozesse, wie oben schon kurz erläutert, die auf Dauer etwas verändern können, wenn man sie erkennt und pädagogisch nutzt. Ein Wissen um die Grundwirkungen von Tieren und die allgemeinen Möglichkeiten sollte bei Kolleginnen vorhanden sein, die ihren Hund in der Schule einsetzen, damit es nicht zu gravierenden Problemen kommt.

Bisher gibt es kaum spezielle Ausbildungsmöglichkeiten für

Kolleginnen, die ihre Hunde in der Schule einsetzen wollen. Vermehrt gibt es Therapiehundteamausbildungen o. ä., die allerdings neben dem zeitlichen Aufwand auch einen finanziellen Aufwand von ca. 1.000,- Euro und mehr bedeuten, der überwiegend von den Pädagoginnen selbst getragen werden muss.

Über das Internet haben erste Vernetzungen stattgefunden, so dass zurzeit vier Arbeitskreise und ein Fachkreis zum Thema bestehen. In den Arbeitskreisen in Baden-Württemberg, Hessen, Rheinland-Pfalz und NRW treffen sich die Kolleginnen zu einem regelmäßigen Austausch zum Thema. Allgemein geht es dabei um praktische und rechtliche Themenstellungen und die Unterstützung neuer Schulhundteams.

Im Fachkreis Schulhunde, der sich regelmäßig in Kassel trifft und mit Unterstützung von Graham Ford von „Tiere helfen Menschen" initiiert wurde, soll auf Dauer ein Minimalstandard für die Qualifikation von Schulhundteams erarbeitet werden. Zunächst gehen wir von einer freiwilligen Selbstverpflichtung aus, der man sich im Schulhundweb anschließen kann, da andere Möglichkeiten zurzeit noch nicht bestehen.

3.2.6. Beachtung ethischer Aspekte

Bei all den oben angeführten Punkten darf nicht vergessen werden, dass wir als Mensch eine besondere Verantwortung dem Tier, in diesem Falle dem Hund, gegenüber haben. Auch wenn Tiere nach dem Gesetz immer noch als Sache angesehen werden, werden sie besonders in unserem Einsatzbereich als Partner eingesetzt und sind auf unsere Unterstützung und Rücksichtnahme angewiesen, denn sie können sich in der Regel nicht selbstständig entziehen.

Es wird von einer asymetrischen Tierethik gesprochen, denn der Mensch ist durch seinen aufrechten Gang und die Möglichkeit des vorausschauenden, verantwortlichen Planens und Denkens dem Tier überlegen. Dies sollte ihm aber nicht die Erlaubnis zu imperialen Gebärden oder zum Paternalismus geben. Vielmehr ist es die Herausforderung zu einer besonders achtsame Wahrnehmung gegenüber den Hunden und ihrem Einsatz!

Im Positionspapier des Schweizer Tierschutzgesetzes steht: „Es ist wichtig, dass Lehrkräfte darüber reflektieren, warum sie Tiere im

Schulzimmer oder im Unterricht einsetzen, und welche Lehrziele sie damit verwirklichen wollen, weshalb bestimmte Tierarten gewählt werden, welche Funktion die Tiere im Rahmen des Lehrplans, des Unterrichts und des Schulhauslebens einnehmen und wie didaktisch an sie herangegangen wird. Durch eine genaue Abklärung soll sich die Lehrkraft darüber im Klaren werden, was ihre eigenen Gründe für den Wunsch nach Tieren im Schulzimmer sind.". (SCHWEIZER TIERSCHUTZ S. 5)

Gullwitzer schreibt zu diesem Punkt: „Natürlich sind den positiven Einwirkungsmöglichkeiten von Heimtieren auch Grenzen gesetzt. Nur erwünschte und akzeptierte Heimtiere, die artgerecht gehalten werden, können psychologische und therapeutische Effekte auslösen. Dabei darf das Tier in keiner Weise instrumentalisiert werden: Der Patient sollte das Tier nicht mit seinen individuellen Problemen und Erwartungen erdrücken. Eine klare Rollenverteilung im sozialen Gefüge ist die Basis für eine partnerschaftliche Mensch-Tier-Beziehung." (GUTZWILLER S. 15) Eine qualitativ gute Hundegestützte Pädagogik in der Schule ist also nur dann möglich, wenn die Lehrerin wenigstens über Grundkenntnisse in dem Bereich verfügt und ethische Aspekte beachtet!

Nach den Prager IAHAIO Richtlinien von 1998 zum Einsatz von Tieren bei tiergestützten Aktivitäten und Therapien sind folgende Punkte wichtig:

- Es dürfen nur Heimtiere eingesetzt werden, die durch Methoden der positiven Verstärkung ausgebildet wurden und artgerecht untergebracht und betreut werden.

- Alle Vorkehrungen müssen getroffen werden, damit die betroffenen Tiere keinen negativen Einflüssen ausgesetzt sind.

- Der Einsatz sollte begründete Erfolgsaussichten haben.

- Die Einhaltung von Mindestvoraussetzungen wie Sicherheit, Risikomanagement, körperliches und psychisches Wohlbefinden, Gesundheit, Vertraulichkeit sowie Entscheidungsfreiheit muss garantiert sein.

- Ein angemessenes Arbeitspensum, eine eindeutige auf Vertrauen ausgerichtete Aufgabenverteilung sowie Kommunikations- und Ausbildungsmaßnahmen sollten definiert sein.

(nach IEMT Schweiz Weissbuch 3/2007)

3.3. Bedingungen in der Schule beim Einsatz eines Hundes

Mit Freude stelle ich fest, dass es durch die Vernetzung und Öffentlichkeitsarbeit zunehmend dazu kommt, dass besonders berufserfahrenere Kolleginnen zunächst alle Bedingungen in der Schule genau abklären und sich selbst umfassend informieren und weiterbilden, bevor sie sich einen adäquaten Hund anschaffen und ihn im Unterricht einsetzen.

Nach der Pisastudie hat sich in Deutschland allgemein ein Wandel im Bereich der Schulgesetze vollzogen, die Ländersache sind. Somit kann hier nicht pauschal auf ein Genehmigungsverfahren in Deutschland eingegangen werden, sondern jede Kollegin muss sich mit ihrem Schulgesetz beschäftigen, dass allerdings in der Regel einem ständigen Wandel unterlegen ist. Ich gehe hier an erster Stelle vom Schulgesetz des Landes NRW im Frühjahr 2009 aus, das neben Rheinland-Pfalz eine Vorreiterrolle beim Thema eigenverantwortliche /selbstständige Schule hat.

Schulministerin Barbara Sommer wies zum Auftakt des 2. Bildungssymposiums Nordrhein-Westfalen am 23.2.2008 darauf hin, dass es sich wohl noch nicht überall herumgesprochen hätte, dass seit dem Jahre 2006 alle Schulen in NRW eigenverantwortlich sein können. Auch wenn diese Eigenverantwortung mit gemischten Gefühlen zu betrachten ist, da sie zu zusätzlichen Aufgaben bei gleichem Gehalt führt, hat sie für den Einsatz von Schulhunden klare Vorteile!

Hinter dem Gesetz steckt die These, dass die Lehranstalten selbst am besten wissen, wie sie ihre Qualität verbessern können. Sie erhalten mehr Gestaltungsspielraum und Verantwortung und sollen sich stärker unterscheiden. Individuelle Qualitätsmerkmale sollen mehr Gewicht bekommen, damit Schulen sich besser profilieren können. Allgemein gehen die Aufgaben der Schulaufsichtsbehörde schrittweise auf die Schulleitung über.

Für Hunde als Co-Lehrer in der Schule bedeutet dies:

- Sie sind innovativ und unterstützen das besondere Profil einer Schule!
- Die Schulleitung und die Lehrerin können überwiegend eigenverantwortlich über den Einsatz eines Schulhundes entscheiden!
- Ein gutes Konzept zur Hundegestützten Pädagogik in der Schule sollte im Schulprogramm verankert sein!

- Regelmäßige Evaluation und eine Überarbeitung des Konzepts fördert auf Dauer eine qualifizierte Hundegestützte Pädagogik und schützt Schüler und Hunde.

In diesem Kapitel sollen zunächst die verwaltungstechnischen Bedingungen für ein Schulhundprojekt erläutert werden und anschließend die räumlichen und zeitlichen Bedingungen für den Einsatz eines Hundes in der Schule.

3.3.1. Zustimmung der Schulgremien

Da es sich bis vor einigen Jahren noch um einzelne Hunde handelte, die zeitweise und zunehmend regelmäßig ihre Besitzerinnen in die Schule begleiteten, regelte jeder individuell die Zustimmung durch die verschiedenen Gremien. Etliche Hunde wurden so aus verschiedenen Gründen heimlich in die Schule eingeschleust, einige wurden nie offiziell durch die Gremien genehmigt, einige erhielten nur die mündliche Zustimmung der Schulleitung usw.

Nach Erfahrungsberichten gibt es heute allgemein selten Probleme in der Schule, wenn die Pädagoginnen sich im Vorfeld ausgiebig mit dem Thema beschäftigt haben und auf alle Fragen und Bedenken souverän antworten können. Durch die Vernetzung der Kolleginnen über die Homepage „schulhundweb" und den Hinweis, dass auf dem Gebiet kein absolutes Neuland betreten wird und es bereits viele Schulen gibt, an denen mit der Zustimmung aller Gremien hundegestützt gearbeitet wird, ist der Weg der Neueinsteigerinnen in diesem Bereich mittlerweile etwas einfacher geworden.

Da wir es erreichen wollen, dass Hupäsch auf Dauer zu einem allgemein akzeptierten Bereich in den Schulen wird (auch unter versicherungstechnischen Aspekten), ist es natürlich wichtig, dass die notwendigen Zustimmungen zu den Projekten, möglichst vor dem Einsatz des Hundes, eingeholt werden.

3.3.1.1. Zustimmung der Schulleitung

Da der Hund beruflich genutzt werden soll, ist die Befürwortung durch die Schulleitung zunächst einmal ausschlaggebend. Ohne deren Zustimmung und Unterstützung ist die Tiergestützte Pädagogik mit dem Hund an einer Schule kaum durchzuführen.

Dabei zeigt sich, dass die Schulleitungen natürlich von ihren eigenen individuellen Erfahrungen mit Hunden geprägt sind und ein breites

Reaktionsspektrum von völliger Ablehnung bis euphorischer Zustimmung möglich ist. Auf den ersten Blick ist die völlige Ablehnung der Schulleitung das größte Problem.

In der Praxis ist es aber interessanterweise häufig dazu gekommen, dass durch das Engagement der Kolleginnen, ihr fundiertes Hintergrundwissen, einen adäquaten Hund, Rücksichtnahme auf Ablehnung und Ängste und die Unterstützung des Kollegiums, doch eine Zustimmung der Schulleitung erreicht werden konnte.

Aber beide Extreme bringen m. E. Probleme mit sich, denn wenn von der Schulleitung der Einsatz eines Hundes nicht qualitativ hinterfragt wird, sondern jeder Kollege ohne Probleme immer seinen Hund mit in die Schule bringen darf, so dass schließlich mehrere Hunde ohne besondere Ausbildung in einer Schule agieren, weil sie nicht gern allein zu Hause bleiben mögen, dann ist dies keine gute Basis für die Hundegestützte Pädagogik!

Auf jeden Fall haben die Schulleitungen in Deutschland je nach Bundesland immer mehr Selbstständigkeit und Eigenverantwortung um ein Schulhundprojekt zu genehmigen. In NRW ist auf Nachfrage in Düsseldorf die Zustimmung der Schulleitung für Hupäsch ausreichend.

3.3.1.2. Zustimmung der Lehrerkonferenz

Neben der Zustimmung der Schulleitung spielt natürlich auch die Akzeptanz der Mehrheit des Kollegiums eine wichtige Rolle beim regelmäßigen Einsatz eines Hundes im Unterricht. Besonders bei Kolleginnen, die in der Klasse direkt mit dem Hund konfrontiert werden, ist es wichtig, dass sie die Anwesenheit unterstützen oder wenigstens tolerieren. Ist bei Teamarbeit die Unterstützung der Kolleginnen nicht gegeben, scheitert häufig das ganze Projekt, wie einige Berichte zeigen.

Eine mehrheitliche Abstimmung in der Lehrerkonferenz ist eine notwendige Basis für eine effektive Hundegestützte Pädagogik in der Schule. Der Antrag an die Konferenz sollte allgemein vor dem Einsatz eines Schulhundes gestellt werden und ist bei einem eingespielten Kollegium und dem nötigen Hintergrundwissen der Antragstellerin allgemein kein Problem.

Dabei ist es immer wieder wichtig, Rücksicht auf Kolleginnen zu nehmen, die dem Projekt ablehnend gegenüber stehen. Häufig liegt die Ursache hierfür in tief verwurzelten Ängsten, die nach außen natürlich oft nicht deutlich gemacht werden. Aber nicht jeder Kollege muss ein Hundefreund sein und ist begeistert von dem neuen vierbeinigen Begleiter. Besonders da sich in der Gesellschaft häufig Hundefreunde und Hundefeinde gegenüberstehen, ist es wichtig ggf. langsam Überzeugungsarbeit zu leisten und die Differenzen nicht noch zu verstärken oder zu viel Entgegenkommen von einigen Kollegen zu erwarten.

Mit der Zeit hat allerdings schon manch ein gut ausgebildeter Schulhund dafür gesorgt, dass eine Ablehnung sich in Sympathie oder wenigstens Toleranz umwandelte, wenn die Kollegin auch das entsprechende Gespür für die Situation hatte und nicht rücksichtslos und überheblich über die Ängste und Unsicherheiten der Kolleginnen hinweg gegangen ist.

3.3.1.3. Information der Eltern

Eine qualifizierte Information der Eltern und eine mehrheitliche Zustimmung der Klassenpflegschaft erleichtert das Arbeiten mit dem Hund in der Klasse und in der Schule sehr. Den teilweisen Ängsten der Eltern kann man begegnen, indem man sie ernst nimmt und mit dem nötigen Hintergrundwissen beseitigt. In der Praxis hat sich gezeigt, dass viele Eltern das Projekt Schulhund begrüßen und bereits von den positiven Auswirkungen auf Kinder gehört haben. Skeptische Eltern werden beruhigt, indem der Versuchscharakter des Schulhundprojektes betont wird, die gute Ausbildung des Hundes und die Freiwilligkeit der Mitarbeit der Schüler hervorgehoben wird, ebenso wie eine regelmäßige Evaluation des Projektes. Auf einem außerordentlichen Elternabend speziell zum Thema Schulhund können alle oben angeführten Punkte in Ruhe geklärt werden. Durch Fotos, Filme, Bücher und andere Informationen kann deutlich gemacht werden, dass die Hundegestützte Pädagogik in der Schule mittlerweile in vielen Schulen ohne Probleme zum Schulalltag gehört.

Um sich abzusichern, kann es auf Dauer ein Vorteil sein, wenn die Eltern der Schüler schriftlich bestätigen, dass sie mit dem Projekt einverstanden sind und z. B. keine bekannte Allergie gegen Hunde bei ihrem Kind vorliegt. Dies ist aber kein Muss und sollte nur durchgeführt werden, wenn absehbar ist, dass zumindest die Mehrzahl der Eltern dem Projekt zustimmen und nur wenige dagegen sind.

Wie bereits erwähnt, wurde an der Friedrich-Ebert-Schule in Schwalbach zum Schuljahr 2007/08 die Labradorhündin Mika gemeinsam mit 110 Schülerinnen und Schülern eingeschult. Bei der Anmeldung gaben die Eltern und Schüler an, ob sie Interesse an einer Hundegestützten Pädagogik hatten. So kam es zu ca. 50 Anmeldungen für die Klasse 5b (b wie Bello), denen aber nicht allgemein entsprochen werden konnte! Dies ist allerdings nur an Schulen mit einem sehr hohen Schülerpotential möglich!

In der Praxis hat sich ein Hinweisschild an der Klassentür bewährt, um ggf. ängstlichere Eltern, Schüler und Lehrer über die Anwesenheit des Hundes zu informieren.

3.3.1.4. Zustimmung der Schulpflegschaft und der -konferenz

Eine mehrheitliche Zustimmung der Schulpflegschaftsversammlung und der Schulkonferenz ist ein weiterer wichtiger Baustein für eine effektive Arbeit in der Schule! In der Schulpflegschaft sitzen die gewählten Elternvertreter der Klassen, die wiederum Vertreter in die Schulkonferenz entsenden, in der auch Vertreter des Kollegiums und z. T. der Schüler mit über die Entwicklung der Schule bestimmen. Häufig ist bei einer guten Vorinformation des Schulleiters, des Kollegiums und der Eltern keine zusätzliche direkte Information über das Projekt Schulhund nötig, da die übrigen Gremien bereits gut informiert sind und dem Projekt zugestimmt haben. In NRW ist nach einem Hinweis aus Düsseldorf prinzipiell keine Zustimmung der Schulkonferenz erforderlich!

3.3.1.5 Zustimmung/Information der Schulaufsicht

Wie oben bereits erwähnt, haben sich die Schulgesetze vieler Bundesländer in den letzten Jahren in Richtung eigenständige Schule verändert. D. h. die Aufgaben der Schulaufsicht entwickeln sich immer mehr hin zur Unterstützung, Beratung und Begleitung der Schulen. In einigen Bundesländern ist also eine Zustimmung zu einem Schulhundprojekt durch die Schulämter nicht mehr notwendig.

Allgemein kam es in der Vergangenheit hier zeitweise zu Problemen, da manchmal kein Interesse daran bestand Informationen zu den Projekten zu erhalten und gleichzeitig wenig Bereitschaft vorhanden war, um Verantwortung für innovative Projekte zu übernehmen.

Aber auch der Schulaufsicht gegenüber ist es sehr wichtig, dass man sich umfassend zum Thema informiert hat, eine ausreichende

Qualifikation für die Arbeit nachweist und ein überzeugendes Konzept vorlegt. Manchmal gelingt es durch die gute fachliche Kompetenz und das Geschick des mitgebrachten Hundes, die weitgehend uninformierte Schulaufsicht zu überzeugen.

Notfalls müssen die Schüler, ihre Eltern, das Kollegium und die Schulleitung zusätzlich demonstrieren, dass sie hinter dem Projekt Schulhund stehen. Oder über die Medien, die sich sehr gern solch einem Thema widmen, kann zusätzlicher Druck auf die Schulaufsicht ausgeübt werden, um zum Erfolg zu gelangen.

Vereinfachend wäre es auf Dauer, wenn die Schulministerien der Länder den Einsatz von Schulhunden befürworten, so dass eine spezielle Zustimmung der Schulämter gar nicht mehr notwendig ist. Vielleicht ist es möglich dieses Ziel, zumindest in einigen Bundesländern, in nächster Zeit zu erreichen.

3.3.1.6. Information des Gesundheitsamtes

Um sich nach allen Seiten abzusichern und die eigene Kompetenz zu verdeutlichen, hat es sich als vorteilhaft erwiesen, dem Gesundheitsamt einen speziellen Hygieneplan vorzulegen. Er hat das Ziel, eine mögliche Infektionsübertragung vom Hund auf den Menschen und umgekehrt zu minimieren! In Anlehnung an einen Aufsatz von Dr. Andreas Schwarzkopf sind die Punkte: Rechtsgrundlagen, Dokumentation zum Hund, Zugangsbeschränkung zur Küche, Anforderungen an die Tierpflege, Reinigung und Desinfektion wichtig. (OLBRICH, OTTERSTEDT S. 106 ff)

Die Befragung der Kolleginnen im Sommer ergab, dass durchaus nicht alle darüber informiert sind, dass der Hund keinen Zugang zur Küche erhalten darf, um die Übertragung von Zoonosen zu verhindern. Bei 4 Pädagoginnen kommen die Hunde regelmäßig mit in die Küche und bei einer Kollegin selten. 45 von 50 Lehrerinnen haben zwar angegeben, dass ihre Hunde nicht mit in die Küche kommen, aber das sagt noch nichts darüber aus, ob sie auch über die Zugangsbeschränkung für Hunde informiert sind. Evtl. unterrichten sie einfach nie in der Küche und deshalb sind ihre Hunde dort nicht anwesend!

Auf die Gesundheitsprävention des Hundes wurde bereits hingewiesen. Es ist selbstverständlich, dass Schulhunde artgerecht versorgt und gepflegt werden! Gesundheitliche Probleme der Hunde schränken evtl. ihren Einsatz ein oder verhindern ihn ganz!

Die örtlichen Gesundheitsämter reagieren sehr unterschiedlich auf den Hygieneplan für den Schulhund, der eigentlich nur eine Ergänzung für den allgemeinen Hygieneplan der Institution Schule ist. Einige Mitarbeiter sehen sich für diesen Bereich nicht zuständig und in anderen Orten kommt es zu einer Kontrolle der Schule mit bestimmten Auflagen oder gar zu einer Ablehnung des Projektes. Die letzte Möglichkeit hat das Gesundheitsamt aber nur, wenn Auflagen nicht erfüllt werden und eine drohende Gefahr für die Schüler besteht, wie das Infektionsschutzgesetz in § 16 sagt!

„Die Gesundheitsrisiken für den Menschen im Umgang mit Tieren sind minimal. Nur wenige tierische Krankheiten – so genannte Zoonosen – sind auf den Menschen übertragbar. Mit vorbeugenden sinnvollen Maßnahmen steht jedoch einem harmonischen Miteinander von Mensch und Tier nichts im Weg." (GUTZWILLER S. 13), wie bereits unter Gesundheitsprävention ausgeführt wurde.

Das Robert Koch Institut hat „die Aufgabe, Konzeptionen zur Vorbeugung übertragbarer Krankheiten sowie zur frühzeitigen Erkennung und Verhinderung der Verbreitung von Infektionen zu entwickeln" (Infektionsgesetz § 4 (1)) und hat Fakten zum Bereich Tiergestützter Interaktionen, wie bereits erwähnt, im Heft 19 zusammengetragen.

In § 36 des Infektionsschutzgesetzes (1) wird gesagt: „Die in § 33 genannten Gemeinschaftseinrichtungen (u. a. Schulen) … legen in Hygieneplänen innerbetriebliche Verfahrensweisen zur Infektionshygiene fest. Die genannten Einrichtungen unterliegen der infektionshygienischen Überwachung durch das Gesundheitsamt."

3.3.1.7. Information der Haftpflichtversicherung

Ist das Schulhundprojekt offiziell genehmigt und somit im Schulprogramm verankert, so kommt in der Regel die Gesetzliche Unfallversicherung der Schule für eventuell auftretende Schäden durch den Hund auf. Allgemein ist dieser Bereich aber Neuland und sehr problematisch, da nach dem Gesetz der Tierhalter bzw. seine Haftpflichtversicherung nicht für ein Tier haftet, das dem Beruf zu dienen bestimmt ist (BGB § 833), wenn der Besitzer die notwendige Sorgfalt walten ließ!

Allerdings zeigt sich bei der Anerkennung der Schulhunde durch das Finanzamt immer wieder, dass wir noch weit davon entfernt sind, dass dieser Paragraph greift. Häufig wird noch nicht verstanden, dass die Hunde unserem Berufe dienen.

Auf jeden Fall sollte die private Tierhalterhaftpflicht über den Einsatz des Hundes in der Schule informiert sein. Ist dies nicht der Fall, so kann sie eventuell auch bei Schäden des Hundes außerhalb der Schule nicht haften, da ihr vorsätzlich etwas verschwiegen wurde und sie dadurch nicht haften muss.

Bei nachgewiesener grober Fahrlässigkeit des Lehrers tritt ggf. auch dessen Berufshaftpflichtversicherung in Kraft, wenn sie vorher informiert war. Vorteilhaft ist immer eine schriftliche Bestätigung der Versicherung!

3.3.1.8. Information des Hausmeisters

Theoretisch hat der Hausmeister mit dem Einsatz eines Hundes in der Schule nur indirekt etwas zu tun, da er kein Mitspracherecht bei der Durchführung eines Schulhundprojektes hat. Ihm, als Aufsicht über das Reinigungspersonal, entsteht bei einem verantwortungs-bewussten Einsatz des Hundes auch keine zusätzliche Arbeit.

Eine positive Einstellung des Hausmeisters zum Schulhund ist aber immer hilfreich, denn in der Regel sind Hunde in öffentlichen Gebäuden nicht erlaubt. Er sollte deshalb rechtzeitig über den Einsatz des Hundes informiert sein und ihn auch möglichst frühzeitig kennen lernen.

3.3.2. Räumliche und zeitliche Bedingungen in der Schule

In der Praxis hat sich gezeigt, dass nicht nur die Zustimmung der Schulaufsicht und der verschiedenen Schulgremien ein wichtiger Aspekt für den Einsatz von Schulhunden ist. Auch die räumlichen und zeitlichen Strukturen in der Schule müssen so geschaffen sein, dass Hunde problemlos eingesetzt werden können ohne sie zu überfordern.

3.3.2.1. Langsame Heranführung des Hundes an die Schule

Wie schon näher ausgeführt, benötigen Hunde ein spezielles Training um sie auf Dauer problemlos in der Schule einsetzen zu können. Aber auch ohne direkte Einbindung des Hundes in den Unterricht stellt die Schule mit den unterschiedlichen Menschen, Geräuschen und Aktionen eine hohe Belastung für ihn dar. Sandra Müller schrieb dazu: „Leider wird häufig unterschätzt, welche Belastung die zahlreichen Gerüche von Reinigungs- und Desinfektionsmitteln oder menschlichen Ausdünstungen ... bei anderen Essgewohnheiten für die empfindliche Hundenase darstellen, wie verwirrend die Geräuschkulisse ... einer Schule selbst für den Meister des selektiven Hörens sein kann und dass ein ständiger Körperkontakt sogar dem schmusigsten Hund zu viel werden kann. Ebenso kann vom Hund ständige Unruhe, zu viel positive wie negative Aufregung, Wut und Ärger in seinem Umfeld als Stress erlebt werden." („tiergestützte" 3/2006 S. 8)

Deshalb muss ein Hund, gleichgültig ob er schon als Welpe oder erst als ausgewachsener Hund in die Schule kommt, immer in sehr kleinen Schritten an sie herangeführt werden! Selbst wenn keine Menschen in dem Gebäude anwesend sind, ist es erfüllt von sehr vielen unbekannten Dingen und Gerüchen, an die sich die Hunde erst langsam gewöhnen müssen. Je positiver die Schule auf Dauer besetzt ist, desto effektiver und stressloser kann ein Hund über viele Jahre eingesetzt werden.

Nachdem das Gebäude mehrmals außerhalb des Schulbetriebes mit dem Hund besucht wurde, kann Schritt für Schritt eine Annäherung an den normalen Schulbetrieb erfolgen:

- über leere Flure während des Unterrichts gehen

- Anwesenheit des Hundes in kleinen Gruppen

- langsamer Kontakt zur Klasse

- schrittweise Annäherung an den Lärm und die Hektik auf den Fluren und auf dem Schulhof

Alle Reaktionen des Hundes müssen dabei natürlich immer gut beobachtet und ggf. positiv verstärkt werden!

3.3.2.2. Rückzugsmöglichkeit für den Hund

Ein Hund benötigt in der Schule einen Ruheplatz, auf den er sich jederzeit zurückziehen kann und der ihm absolute Sicherheit vor Schülern und Kolleginnen gibt! Deshalb muss der Platz sich möglichst in der Ecke eines Raumes befinden, so dass durch die Wände schon ein gewisser Schutz gegeben ist. Aber auch an den beiden anderen Seiten muss für Fremde der Kontakt verboten sein! Nur selten besteht die Möglichkeit diesen Platz in einem separaten Nebenraum einzurichten, was optimal wäre, wenn der Hund sich dahin selbständig zurückziehen kann.

Als ideale Rückzugsmöglichkeiten in der Klasse haben sich Transportboxen o. ä. erwiesen, da sie dem Hund räumlich noch mehr ein Gefühl der Sicherheit vermitteln. Gut ist es, wenn ein Hund sich selbständig auf seinen Ruheplatz zurückzieht, aber ggf. muss der Lehrer ihm auch eine Auszeit verordnen!

In der Praxis hat sich gezeigt, dass nicht jeder Hund die angebotene Rückzugsmöglich-keit gern annimmt. Die Tiere haben genau wie wir ihre eigenen Wünsche und Vorlieben, die durch genaue Beobachtung auf Dauer beachtet werden müssen, um eine stressfreie Einbindung in den Unterricht zu ermöglichen.

3.3.2.3. Begrenzter Einsatz für den Hund

Als Lehrerinnen wissen wir eigentlich sehr gut, wie anstrengend die Schule selbst an normalen Tagen ist. Ein Hund hat natürlich andere kognitive Strukturen und kann viele Geschehnisse nicht so wie wir erfassen, einordnen und verarbeiten. Zusätzlich nimmt er, wie bereits erläutert, viel mehr wahr als wir! Dabei geht es nicht nur um den Lärmpegel, den er ca. 15 mal besser wahrnimmt als wir, sondern vor allem um die Gefühle der vielen Menschen in der Schule, für die er sehr sensibel ist, was wir ja auch mit für unsere Arbeit nutzen wollen! Deshalb ist ein gutes zeitliches Management für den Einsatz des Hundes in der Schule erforderlich.

Die Fragebogenaktion ergab, dass der zeitliche Einsatz der Hunde in der Schule sehr unterschiedlich ist. Ein Schwerpunkt lag mit 26 % bei einem wöchentlichen Einsatz von 6 – 10 Stunden. Viele Hunde (22 %) werden aber in der Woche auch nur bis zu 5 Stunden in der Schule eingesetzt. Demgegenüber begleiten 22 % der Hunde die Kolleginnen wöchentlich 21 – 30 Stunden, also ständig, in den Unterricht. Die Aussage von Julia Volk, „dass die Hunde tendenziell die ganze Woche oder zumindest größtenteils mit in der Schule sind", (Kongress Mensch und Tier Vorträge 2007 S. 30) kann ich also so nicht bestätigen.

Um den Stresslevel für Schulhunde zu reduzieren, werden sie vielfach überwiegend in einer Klasse eingesetzt, wie die

Fragebogenaktion auch bestätigte. 35 von 50 Kolleginnen, also 70 % setzen ihre Hunde tendenziell in einer Klasse ein. Nur 28 % der Hunde werden in verschiedenen Klassen eingesetzt und 22 % bzw. 20 % in kleinen Gruppen oder in der Einzelarbeit. Hierbei gab es natürlich Mehrfachnennungen.

Eine weitere Möglichkeit den Stressfaktor Schule für den Hund zu reduzieren ist, wie bereits erwähnt, die Arbeit nur im Team mit seiner Besitzerin. Die Umfrage ergab, dass 82 % der Kolleginnen diesen Faktor im Blick haben und nur gemeinsam mit ihrem Hund in der Schule agieren. 16 % übergeben ihren Hund nur manchmal (überwiegend aus organisatorischen Gründen) an Kolleginnen und nur eine Lehrerin verleiht ihren Hund regelmäßig an andere Klassen.

In der Befragung zeigt sich also, dass die meisten Kolleginnen den Stressfaktor Schule für ihren Hund im Blick haben und ihm durch eine reduzierten zeitlichen Anwesenheit, den Einsatz überwiegend in nur einer Klasse und die Teamarbeit mit dem Hund begegnen. Dabei kommt es immer wieder zu organisatorischen Problemen, denn die Lehrerinnen wohnen in der Regel nicht direkt neben der Schule und können so ihren Hund nicht zwischendurch kurz holen oder nach Hause bringen. Der Aufenthalt im Auto ist für viele Hunde eine gute Auszeit, aber im Sommer und im Winter nur begrenzt möglich. Ich habe mittlerweile eine Hundesitterin in der unmittelbaren Nähe der Schule, da ich an einer Ganztagsschule unterrichte und der Hund an einigen Stunden (Küche, Schwimmbad ...) nicht teilnehmen kann bzw. der Stressfaktor je nach Klassenzusammensetzung über einen langen Tag zu hoch wäre.

3.4. Bedingungen bei den Schülern für den Einsatz eines Hundes

Nachdem nun die Bedingungen für Hund, Lehrerin und Schule analysiert wurden, müssen wir uns natürlich dem Faktor Schüler zuwenden, für den die Hundegestützte Pädagogik in der Schule eigentlich primär gedacht ist. Das Bedingungsgefüge ist hier natürlich besonders vielfältig und eine umfassende Erörterung würde den Rahmen dieses Buches sprengen. Somit beschäftige ich mich hier nur mit einigen wichtigen Aspekten für den Bereich der Hundegestützten Pädagogik.

Es muss aber noch einmal darauf hingewiesen werden, dass das

Spektrum der Hundegestützten Pädagogik in der Schule trotz aller Eingrenzung immer noch sehr groß ist! Hier wird von einem Einsatz in allen Schulformen, auf die ich noch einmal näher eingehe, ausgegangen und somit von einem sehr vielfältigen Schülerklientel und einer großen Spannbreite der Lehrertätigkeit.

3.4.1. Begrenzter Schülerkontakt

Auch wenn ein Hund nach speziellen Kriterien ausgesucht und ausgebildet wurde, die Lehrerin über umfassendes Hintergrundwissen verfügt und in der Schule optimale Grundbedingungen für die Hundegestützte Pädagogik bestehen, ist der Schülerkontakt besonders zu Beginn zu begrenzen, wie auch schon näher ausgeführt wurde.

Aber in der Regel haben die Hunde eine magische Anziehungskraft auf die Schüler und besonders die, die selten direkten Kontakt zum Hund haben, nutzen immer wieder jede Möglichkeit ihn zu streicheln, anzusprechen oder gar mit ihm zu spielen. So kann es besonders zu Unterrichtsbeginn und –ende und in den Pausen zu massivem Stress für den Hund kommen, wenn auch nur ein kleiner Teil von Hunderten von Schülern auf ihn zustürzt, um die Chance zu nutzen. Bei einem regelmäßigen Einsatz in der Schule ist es also wichtig, dass alle Schüler auf Dauer über den richtigen Umgang mit dem Hund informiert sind, bevor sie näheren Kontakt zu dem Hund bekommen.

Eine pädagogisch gute Möglichkeit ist es, die Schüler, die bereits gut im Umgang mit dem Hund geschult sind, als Multiplikatoren in die anderen Klassen zu schicken. Aber auch Plakate mit Informationen zum richtigen Umgang mit dem Hund, die ggf. auch von den Schülern erstellt wurden, können in der ganzen Schule hilfreich sein. Hier lernen auf Dauer alle Schüler Rücksichtnahme auf das Lebewesen Hund und werden zumindest teilweise dies, in Theorie und Praxis erworbene Wissen, auf den Umgang mit anderen Hunden übertragen können.

3.4.2. Information und Training als Gesundheitsprävention

Hier kommen wir zu einem weiteren wichtigen Aspekt des direkten Kontaktes mit dem Hund. Nicht nur die Quantität des Schülerkontaktes ist zu begrenzen, um den Hund auf Dauer in der

Schule einzusetzen, sondern auch die Qualität ist zu fördern, um Verletzungen der Schüler durch den Hund auf Dauer zu vermeiden.

Es ist ganz wichtig, dass es für die Schüler von Anfang an feste Grundregeln im Umgang mit dem Hund gibt und auch für das Kollegium sollten diese gelten. In der Praxis zeigt sich allerdings, dass es den Schülern oft viel schneller gelingt, sich an aufgestellte  Regeln zu halten als den Kolleginnen.

Die Regeln werden idealerweise vor dem direkten Einsatz des Hundes mit den Schülern erarbeitet und in der Klasse schriftlich und/oder mit Unterstützung von Bildern fixiert. Dabei hängt der Umfang der Regeln natürlich vom Schülerklientel ab, aber einige wichtige Punkte habe ich hier aufgeführt:

- Am Ruheplatz nicht stören!
- Leise sein!
- Nicht rennen!
- Hund von der Seite begrüßen!
- Ein Hund - ein Kind!
- Nicht rufen!
- Butterbrote einpacken!
- Nicht füttern!
- Hände waschen!

Zum Schutz des Hundes und zum Schutz der Schüler ist es wichtig, dass diese Regeln Beachtung finden, um die Gesundheit und Unversehrtheit aller zu gewährleisten. Auf Dauer ist so hoffentlich eine Übertragung auf den Umgang mit anderen Hunden möglich, so dass es auch in der Öffentlichkeit zu weniger Beißunfällen mit Kindern kommt.

3.4.3. Freiwilligkeit

Kein Schüler soll, kann und darf zum Kontakt mit einem Hund gezwungen werden. Somit hat das Tier in der Struktur der Schule auch unter diesem Aspekt eine besondere Rolle. Prof. Dr. Kurt Kotrschal erläuterte auf dem Kongress 2007 in Berlin, dass erstaunlich wenig darüber bekannt ist, „welche Menschen Tieren als Ko-Therapeuten besonders aufgeschlossen begegnen." Ein Forscherteam kam bei einer Untersuchung zur Kontaktaufnahmen mit Kaninchen im Kindergarten zu dem Ergebnis: Je „jünger die Kinder, desto interessierter zeigten sie sich an den Tieren. Gerade die sozial gut vernetzten Kinder nahmen häufig Kontakt zu den dort gehaltenen Kaninchen auf, Mädchen häufiger und länger als Knaben." (Kongress Mensch und Tier Vorträge-2007 S. 87)

Dieses Ergebnis bestätigt weitgehend meine Beobachtungen bei der Begegnung mit dem Hund in der Schule! Kotrschall erläutert aber weiter, dass „Mädchen/Frauen zwar mehr an Tieren interessiert und empathischer sind als Knaben/Männer, letztere aber größere, mit der Tierbegegnung verbundene Verhaltenswirkungen zeigen und potentiell mehr von Tieren profitieren können, als Mädchen/Frauen, vor allem was die Entwicklung von Empathie und sozialer Kompetenz betrifft." (Kongress Mensch und Tier Vorträge-2007 S. 87)

Es ergibt sich also die Frage für die Schule, wie wir besonders bei den Schülern einen Kontakt zum Hund herstellen können, die diesen aus verschiedenen Gründen nicht direkt suchen, auf Dauer aber bestimmt davon profitieren würden!

3.4.4. Mitverantwortung

Eine Möglichkeit, die freiwillige Kontaktaufnahme zum Hund bei Schülern zu ermöglichen ist es, Mitverantwortung für ihn zu übernehmen. Der Hund gehört der Lehrerin, die damit natürlich auch die Verantwortung für ihn trägt, aber sie kann diese in kleinen Schritten nach und nach an ihre Schüler abgeben. Jeder Mensch fühlt sich gestärkt, wenn ihm das Vertrauen entgegengebracht wird, dass er bestimmte Bereiche selbstständig oder zunächst unter Anleitung übernehmen darf. Damit auch zurückhaltendere Schüler mit eingebunden werden, hat sich ein rotierender Ämterplan als effektiv erwiesen, über den dann auf Dauer meist alle Schüler freiwillig Kontakt zum Hund aufnehmen, um ihn mit Wasser und Futter zu versorgen, ihn zu bürsten und seine übrigen Bedürfnisse rechtzeitig zu erkennen.

3.4.5. Bindungsaufbau durch Einzelarbeit

Vielfältig wurde festgestellt: Nur „wenn eine … besonders positive Beziehung zu einem Heimtier besteht, sind auch Zusammenhänge in der vorgestellten Stärke zum schulischen Leistungs- und Sozialverhalten bei Kindern und Jugendlichen mit einem Heimtier zu erwarten; der bloße Besitz eines Heimtieres fördert hingegen nicht automatisch bessere Noten oder sozial kompetenteres Verhalten in der Schule." (HOFF, BERGLER S. 111) Dabei besitzen die Schüler einen Schulhund natürlich nicht und haben auch nur zeitlich begrenzt mit ihm Kontakt. Trotzdem spielt auch in diesem Falle die Bindung zum Hund eine gravierende Rolle in Bezug auf seine möglichen

Wirkungen, wie die Praxis immer wieder zeigt. Gutzwiller schreibt: „Voraussetzung für die präventive Wirkung eines Heimtieres ist natürlich, dass die jeweilige Person auch ein positives Gefühl zum Tier entwickelt und von der Tierhaltung nicht überfordert ist." (GUTZWILLER S. 5)

Um eine möglichst enge Bindung zwischen den Schülern und dem Hund aufzubauen, erscheint das System von Andrea Vanek-Gullner sehr effektiv, die in ihrem Konzept zur Tiergestützten Heilpädagogik (TGHP) neben der Klassenarbeit mit dem Hund fünf Einzelsitzungen mit einem Schüler und dem Hund einsetzt. „Dieser Weg der Mutstärkung des Kindes basiert auf der Vermittlung des Gefühls, als Mensch vollkommen angenommen zu sein." (VANEK-GULLNER 2003 S. 36) Aber natürlich bietet dieser Weg auch die Möglichkeit eine gute Bindung zwischen dem Schüler und dem Hund aufzubauen, so dass eine effektive Förderung über den Hund auf Dauer erst möglich ist.

3.4.6. Beachtung des kulturellen Hintergrundes

Bei Diskussionen zum Thema Hundegestützte Pädagogik in der Schule taucht immer wieder die Frage auf, inwieweit der Einsatz eines Hundes in der Schule möglich ist, weil mittlerweile viele Schüler dem islamischen Glauben angehören und es denen nach dem Koran verboten ist, Kontakt zu einem Hund aufzunehmen.

Bei der Recherche zu diesem Thema im Internet ergaben sich keine klaren Aussagen, dass es Muslimen absolut verboten ist, Kontakt zu einem Hund zu haben. Scheinbar gibt es drei unterschiedliche Lehrmeinungen dazu:

- der Hund ist rein

- der Hund ist gänzlich unrein

- nur der Speichel des Hundes ist unrein

Der letzte Punkt ist scheinbar am häufigsten vertreten, aber von Jagdhunden/Windhunden apportierte Beute gilt trotzdem als rein. Beim täglichen Umgang mit dem Hund im Islam zeigt es sich, dass Gebrauchshunde ein gewisses Ansehen haben, im Gegensatz zu Straßenhunden, die sich von Abfall ernähren und (vielleicht deshalb) als unrein gelten. Die vor allem der Jagd dienenden Windhunde sind demgegenüber als edle Tiere sehr hoch angesehen. Angeblich hat der Prophet darauf hingewiesen, dass Hunde, die absolut schwarz sind, auch böse sind …!

In der Praxis zeigt sich immer wieder, dass muslimische Schüler kein besonderes Problem beim Einsatz eines Hundes in der Schule sind. Sie sind häufig unsicherer und ängstlicher als viele andere Schüler, aber das hängt damit zusammen, dass sie aufgrund ihrer Kultur einen engen Kontakt mit Hunden, wie er sich mittlerweile vielfach in Deutschland zeigt, nicht kennen. Dies bestätigte mir auch eine ältere muslimische Schülerin, die ich zu dem Thema befragte. Sie erläuterte mir, dass aus ihrer Sicht muslimische Schüler kein Problem mit Hunden in der Schule hätten. Nur zu Hause in ihren Wohnungen dürften die Hunde nicht leben, da sie dort regelmäßig beten und die Wohnung durch die Hunde unrein würde. In Hof, Garten und natürlich auch in der Schule dürften die Hunde leben, da dort ja nicht gebetet wird …

Allgemein geht es natürlich nicht nur um Rücksichtnahme auf den religiösen/kulturellen Hintergrund muslimischer Schüler. Auf individuelle und kulturelle Bedingungen aller Schüler muss Rücksicht genommen werden, soweit es in der Schule und im Unterricht möglich ist!

3.4.7. Adäquater Hund für die Schüler

Ich habe bereits darauf hingewiesen, dass die Lehrerin einen adäquaten Hund benötigt um effektiv mit ihm im Team agieren zu können. Auch Prof. Dr. Kurt Kotrschal wies beim Kongress in Berlin 2007 noch einmal auf diesen Punkt hin: „Aus unseren Beziehungsstudien mit Katzen- und Hundebesitzern und ihren Tierkumpanen zeigen sich zudem gewisse Passungen zwischen der Persönlichkeit des Halters und dem Wesen des Tierkumpans. Unsere Ergebnisse können zu einem besseren Verständnis der Mensch-Tierbeziehung, auch in der therapeutischen Anwendung führen." (Kongress Mensch und Tier Vorträge 2007 S. 87)

Aber auch wenn Lehrerin und Hund ein gutes Team sind, heißt das noch nicht, dass der Hund der richtige für das Schülerklientel, bzw. den größten Teil der Schüler ist.

Der Schulhund Gringo (siehe Foto), ein Fila Brasileiro, wurde z. B. nach langen Vorüberlegungen von einer Kollegin an einer Förderschule mit dem Förderbereich emotionale und soziale Entwicklung angeschafft, da das Kollegium nur wenige Hunde als geeignet ansah um in diesem schwierigen Schülerklientel eingesetzt zu werden.

Nach 7 Jahren Hundegestützter Pädagogik mit meiner Hündin Sandy in der Brabeckschule zeigt sich immer deutlicher, dass bestimmte Schülertypen gut auf sie ansprechen und mit ihr agieren. Sandy ist jedoch mit ihrer sanften, sensiblen Art nicht der richtige Hund für überwiegend laute, unsensible und aggressive Schüler.

Dr. Viktor Kacic und Frank Zimmermann gehen davon aus, dass Kinder/Jugendliche mit internalisierenden Störungen (Ängste etc.)

Hunde mit geringerer Stimulanz präferieren, während Kinder/Jugendliche mit externalisierenden Störungen (Aggressionen etc.) Hunde mit stärker stimulierenden Eigenschaften bevorzugen.
(Kongress Mensch und Tier Vorträge 2007 S. 67)

Tiere allgemein verkörpern soziale Statuspositionen und bei Hunden ist es teilweise besonders offensichtlich, dass sie zum großen Teil als Statussymbol angeschafft werden. Meine persönliche Entscheidung für einen Mischling aus einem Tierheim entspricht nicht nur meinem persönlichen Ansatz, sondern sollte den Schülern an der Förderschule auch symbolisieren, dass jeder Hund, und somit auch jeder Mensch, gleichgültig aus welcher Familie er stammt und welche Vergangenheit er hat, wertvoll ist und mit seinen Stärken und seinen Schwächen wichtig für die Gemeinschaft. Eine symbolische Nähe zum Schülerklientel kann die berufliche Aufgabenstellung des Hundes unterstützen.

3.4.8. Keine Allergien

Das Thema Allergie spielt bei Gegnern des Einsatzes von Hunden in der Schule immer wieder eine große Rolle! Es zeigt sich aber, dass bei Schülern, die angeblich allergisch auf Hunde reagieren, häufig kaum Reaktionen festzustellen sind. Denn Menschen reagieren nicht allgemein auf Hunde allergisch, sondern nur auf spezielle Hunde! Trotzdem muss dieser Punkt immer gut abgeklärt sein, da es evtl. auch zu lebensbedrohenden Reaktionen kommen kann. Deshalb muss er auch im Hygieneplan Beachtung finden.

Allergische Reaktionen können durch Tierhaare, Speichel- bestandteile, Hautschuppen oder Urinbestandteile ausgelöst werden. Dabei verursachen Nagetiere und Katzen wesentlich häufiger Allergien als Hunde! Nach einer Studie mit über 25.000 Jugendlichen im Alter von 12 - 14 Jahren in Großbritannien liegt das Risiko allergischer Reaktionen auf Tiere allgemein bei ca. 5 %.

In Leipzig ist in mehr als zehn Jahren Tiergestützter Therapie mit 300 Patientinnen in der kinderpsychiatrischen Klinik bislang kein Fall einer allergischen Reaktion nach Tierkontakt aufgetreten. Auch in der Brabeckschule reagierte in sieben Jahren bisher kein einziger Schüler allergisch auf Sandy, obwohl einige Schüler angeblich allergisch gegen Hunde sind, wie sie mir z. T. nach einem Jahr berichteten!

Manchmal reicht es schon, wenn die Schüler keinen direkten

Körperkontakt mit dem Hund aufnehmen. Der Hund kann auch regelmäßig mit Allerpet/D behandelt werden. Dieses Mittel ist für das Tier unschädlich, verhindert aber beim Menschen allergische Reaktionen! Es wird in der Regel einmal wöchentlich auf das Fell des Hundes aufgetragen und hat nach Aussagen einer Kollegin auch schon erfolgreich in einer Schule dazu geführt, dass ein Hund weiter eingesetzt werden konnte. Allerpet Produkte gibt es in verschiedenen Online-Shops.

3.5. Zusammenfassung Bedingungen

In diesem Kapitel habe ich versucht, die wichtigsten Bedingungen für den Einsatz eines Schulhundes zu erfassen. Dabei zeigte sich, dass beim Hund, bei der Lehrerin, in der Schule und auch beim Schüler vielfältige Bedingungen erforderlich sind, um eine qualitativ gute Arbeit durchzuführen, die nicht zu Lasten des Hundes, der Schüler oder auch der Lehrerin geht. Wenn wir die Gesundheit der Schüler umfassend fördern wollen (siehe 4.1.), ist besonders im Bereich der Hundegestützten Pädagogik eine gute Gesundheitsprävention beim Tier und beim Menschen notwendig. Dazu gehört neben der Prävention im Bereich Zoonosen und der Einhaltung bestimmter Regeln, besonders auch eine qualifizierte Ausbildung bzw. ein Training, um dem Schulalltag mit seinen vielfältigen Anforderungen gewachsen zu sein. Dies gilt sowohl für den Hund als auch für die Lehrerin.

Auch alle notwendigen verwaltungstechnischen Schritte sollten natürlich beachtet werden, um diesen neuen Bereich der Pädagogik in der Schule nicht von Beginn an in das falsche Licht zu rücken.

Die finanzielle Belastung für den Einsatz von Hunden in der Schule liegt überwiegend bei der Besitzerin. Nur in wenigen Ausnahmefällen wird der Hund von der Schule angeschafft und einer Kollegin zur Betreuung, Ausbildung und zum Einsatz in der Schule überlassen. Manche Schulen oder Fördervereine unterstützen mittlerweile die Pädagoginnen mit kleinen Geldbeträgen um ihr zusätzliches Engagement zu unterstützen.

Eine Anerkennung der Ausgaben für den Schulhund bei der Einkommenssteuer oder eine Befreiung von der Hundesteuer erfordert von allen Pädagoginnen immer wieder einen mühsamen Einzelkampf, da diese Bereiche in allen Städten und Kreisen individuell geregelt werden.

Für die Evaluationsforschung können sich aus dem in diesem Kapitel erörterten Bedingungsfeld vielfältige Untersuchungen ergeben. Folgende Hypothesen sind z. B. zu hinterfragen:

- Labrador Retriever sind die idealen Schulhunde!

- Der Einsatz von Welpen als Schulhunde ist besonders effektiv!

- Schulhundbesitzerinnen mit einer spezielle Team-Ausbildung setzen ihre Hunde weniger ein!

- Maßnahmen zur Stressreduktion für die Hunde wirken sich positiv auf die Arbeit aus!

- Ein zügiges Genehmigungsverfahren wirkt sich positiv auf die praktische Arbeit aus!

- Die Zustimmung der Eltern zu dem Projekt „Schulhund" ist entscheidend für seine Durchführung!

- Eine langsame Heranführung des Hundes an die Arbeit in der Schule wirkt sich positiv auf den langfristigen Einsatz aus!

- Optimale Rückzugsmöglichkeiten für den Schulhund in der Schule ermöglichen einen längeren wöchentlichen Einsatz!

- Ein geringerer wöchentlicher Einsatz des Schulhundes erhöht seine Wirkung bei den Schülern!

- Eine Bindung zum Schulhund kann schneller und besser aufgebaut werden, wenn der Kontakt durch möglichst wenige Regeln behindert ist!

- Die Bindungsqualität zwischen Schülern und Hunden hängt von der Ähnlichkeit der Charaktere ab!

- Muslimischen Schülern fällt es schwerer eine Bindung zum Schulhund aufzubauen!

- ...

4. Wirkungen und Möglichkeiten des Hundes in der Schule

Im Schulgesetz des Landes Nordrhein-Westfalen steht in § 2

- „Die Schule ... verwirklicht die in Artikel 7 der Landesverfassung bestimmten allgemeinen Bildungs- und Erziehungsziele ... zur Verantwortung für Tiere und die Erhaltung der natürlichen Lebensgrundlagen ..."

- „... Sie fördert die Entfaltung der Person, die Selbständigkeit ihrer Entscheidungen und Handlungen und das Verantwortungsbewusstsein für das Gemeinwohl, die Natur und die Umwelt. ..."

- „ ... Die Schülerinnen und Schüler sollen insbesondere lernen ... die eigene Wahrnehmungs-, Empfindungs- und Ausdrucksfähigkeit ... zu entfalten ..."

- „Der Unterricht soll die Lernfreude der Schülerinnen und Schüler erhalten und weiter fördern. Er soll die Schülerinnen und Schüler anregen und befähigen, Strategien und Methoden für ein lebenslanges, nachhaltiges Lernen zu entwickeln."

- „Drohendem Leistungsversagen und anderen Beeinträchtigungen von Schülerinnen und Schülern begegnet die Schule ... mit vorbeugenden Maßnahmen. ..."

Dies sind nur einige Ziele, die häufig im Schulalltag verloren gehen und mit Hilfe der Hundegestützten Pädagogik zumindest zum Teil verwirklicht werden könnten. Basis hierfür ist die überwiegend nonverbale Kommunikation der Hunde. „Dem nonverbalen Kontakt kommt eine existenzielle Bedeutung zu ...." Es wird „davon ausgegangen, dass die Kommunikation zwischen Hund und Mensch weit weniger störanfällig sein kann als diejenige zwischen Menschen. Der Hund, ... wird durch seine Augen-, Gesichts- und Körpersprache gleichsam zum „ehrlichen", „offenen" Kommunikationspartner ohne rational gesteuerte und deshalb vielfach versteckte Absichten. Die möglichen Probleme der Kommunikation mit Menschen sind demnach in der Mensch-Hund-Kommunikation minimiert oder überhaupt nicht vorhanden, das heißt aber auch: Die zentral nonverbal ablaufende Kommunikation vermittelt Zutrauen, Vertrauen, Sicherheit, Selbstwertstabilisierung und baut Misstrauen, Scheu, soziale

116

Isolationstendenzen und auch eingeschränkte Selbstbejahung ab."
(BERGLER 1986 S. 51)

„Wer als Kind mit einem Tier aufwuchs, profitiert auch als erwachsener, vor allem älterer Mensch von der heilsamen Wirkung der Tiere. Wer als Kind niemals Kontakt zu einem Tier fand, dem bleibt es in der Regel das ganze Leben fremd" schreiben Greiffenhagen/Buck-Werner in dem Buch „Tiere als Therapie" auf Seite 67. Sie weisen aber auch darauf hin, dass es vermessen wäre, „Tiere allein als ein Heilmittel zur Verbesserung des problematischen heutigen Kinderalltags anzupreisen." (GREIFFENHAGEN/BUCK-WERNER S.71)

Somit müssen wir herausfinden, welche verschiedenen Möglichkeiten der Hundegestützten Pädagogik in der Schule durchführbar sind und welche Wirkungen mit einem Hund in der Schule erzielt werden können. Dazu ist es zunächst natürlich nötig, die bisherigen wissenschaftlichen Ergebnisse zur allgemeinen Wirkung von Hunden auf Menschen näher zu erläutern, da es spezielle wissenschaftliche Untersuchungen zur Hundegestützten Pädagogik in der Schule, wie bereits erwähnt, bisher kaum gibt. Greiffenhagen/Buck-Werner bemerkten dazu: „Die wissenschaftliche Bearbeitung des Themas hinkt der Entwicklung der Praxis hinterher. ... Eine bessere Vernetzung von wissenschaftlichen Studien zum Thema Mensch-Tier steht, wie eine bessere Vernetzung der Praxis ... noch aus." (GREIFFENHAGEN/BUCK-WERNER S.11) Trotzdem gibt es schon etliche allgemeine Ergebnisse zu Wirkungen von Hunden auf Menschen, von denen einige hier aufgeführt werden sollen.

4.1. Nachgewiesene Wirkungen von Hunden

Nach der Verfassung der Weltgesundheitsorganisation (WHO) vom 22. Juli 1946 ist Gesundheit ... „ein Zustand vollkommenen körperlichen, geistigen und sozialen Wohlbefindens und nicht die bloße Abwesenheit von Krankheit oder Gebrechen." (www.wikipedia.de 02.02.2009) „Weltweit leiden laut WHO bis zu 20 % der Kinder und Jugendlichen ... an Behinderungen infolge psychischer Probleme" (Kongress Mensch - Tier Vorträge 2007 S. 9). Dabei spielt u. a. der Verlust sozialer Beziehungen eine große Rolle (17 % leben in nicht intakten Familien, 1/3 wächst ohne Geschwister auf). Untersuchungen ergaben, dass Kinder, die mit Tieren aufwachsen, verantwortlicher, empathischer und sozial kompetenter sind und besser lernen können, wobei die Beziehungsqualität zu den Tieren eine wichtige Rolle spielt!

Nach Dr. Stetina (Vortrag 2. D.A.CH. Symposium 2006 nach www.mensch-heimtier.de 02.02.2009) hat es „sich gezeigt, dass bestimmte Fähigkeiten (skills), Verhaltensweisen und Persönlichkeitseigenschaften, wie beispielsweise ein hoher Selbstwert, soziale Kontakte und gute Kommunikationsfähigkeiten, einen gesundheitsfördernden Einfluss ausüben." Diese gesundheitsfördernden Faktoren können nachweislich durch Tiere positiv beeinflusst werden.

Das Bio-psycho-soziale Krankheitsmodell geht davon aus, dass eine Erkrankung Ursachen und Auswirkungen auf der physischen, psychischen und sozialen Ebene hat. Die positive Wirkung von Tieren auf Menschen kann somit umfassend zur Gesunderhaltung beitragen. In mehreren Untersuchungen wurde mittlerweile festgestellt, dass in diesem Wirkgefüge Tiere viele hilfreiche Effekte erzielen können.

„Die wissenschaftliche Beschäftigung mit dem Verhältnis von Mensch und Tier, Mensch und Hund ist letztlich Ausdruck der Auflösung einer selbstverständlichen Symbiose. .... Es kommen Fragen auf, was der Hund für einen Menschen in unterschiedlichen Lebensaltern, in unterschiedlichen Situationen und Befindlichkeiten bedeutet und was er zu bewirken imstande ist. Man mag es bedauern oder nicht, mit dem Verlust der Selbstverständlichkeit der Mensch-Tier-Beziehung und der ebenfalls nicht zufälligen Aktualisierung einer notwendigerweise umfassenden ökologischen Diskussion, wird die Mensch-Tier-Beziehung in der Vielfalt ihrer Bedeutungen und Funktionen für die menschliche Entwicklung, Erziehung, Lebensqualität aber auch Psychohygiene, gesundheitliche Prophylaxe und Therapie neu entdeckt und damit zunehmend zum Gegenstand systematischer Forschung." (BERGLER S. 15/16)

Die Mensch-Tier-Beziehung hat sich so erst in den letzten Jahrzehnten zu einem eigenständigen Forschungsgebiet entwickelt. Noch sind aber vielfältige wissenschaftliche Untersuchungen notwendig, um den speziellen Einfluss von Tieren auf den Menschen allgemein bzw. auf die Kind-Tier-Beziehung zu erforschen.

In diesem Zusammenhang haben Hunde eine Sonderstellung, denn sie sind nach Dr. Armin Claus „die einzige Tierart, die ohne den Menschen überhaupt nicht existieren würde". (www.helfer-auf-vier-pfoten.de

27.12.2007) Viele Fakten sprechen dafür, das Mensch und Hund „einander aufgrund von harmonisierenden sozialen Grundmustern fanden; dass sie gleichsam als Partner ihrer gemeinsamen Frühzeit entwuchsen; dass sie wohl eine „Koevolution" durchlebten, die bis heute andauert". (SCHÖNBERGER S. 94) Die besondere Beziehung zwischen Mensch und Hund wurde bereits zu Beginn ausführlicher erläutert.

„Eine eingehende, systematische Dokumentation und Analyse" der Mensch-Tier-Beziehung „wurde jedoch erst in den letzten zwei, drei Jahrzehnten betrieben. Auf der Basis der daraus resultierenden wissenschaftlichen Resultate werden Heimtiere immer häufiger als sogenannte «Co-Therapeuten» eingesetzt. In Ergänzung zu herkömmlichen psychotherapeutischen Methoden haben insbesondere Hunde der tiergestützten Therapie zum Durchbruch verholfen." (GUTZWILLER S. 11)

Hier sollen besonders, dem Thema entsprechend, die Unter-suchungen zu Auswirkungen von Hunden auf Menschen zusammengetragen werden. In Anlehnung an das Bio-psycho-soziale Krankheitsmodell werde ich versuchen, die Untersuchungsergebnisse den folgenden drei Hauptbereichen zuzuordnen. Dabei ist immer von einer Wechselwirkung der drei Bereiche auszugehen und die Effekte sind somit nie völlig isoliert zu sehen.

4.1.1. Physische/physiologische Wirkungen

Zahlreiche Untersuchungen belegen, dass nur die Anwesenheit eines Hundes in einem Raum schon entspannend wirkt. Stress und Ängste werden reduziert. Herzfrequenz und Blutdruck werden gesenkt und biochemische Veränderungen finden statt. Das Hormon Oxytozin wird z. B. ausgeschüttet, das ein Wohlgefühl und Handlungs-bereitschaft erzeugt.

- Die Psychologen Katcher und Lynch wiesen nach, dass Hunde den Blutdruck senken und den Kreislauf stabilisieren. Vorlesen und sprechen erhöht den Blutdruck; stilles Sitzen senkt den Blutdruck und das Streicheln des eigenen Hundes bewirkt den niedrigsten Wert. Wenn Kinder laut vorlesen, erzeugt das Stress und ihr Blutdruck steigt und die Herzfrequenz erhöht sich. Mit einem Hund im Raum entspannen die Kinder sich mehr und zeigen deutlich niedrigere Werte. (GREIFFENHAGEN S. 41/42)

- Eine US-Studie ergab, dass Medikamente den Stresslevel der Patienten, die unter Bluthochdruck litten, nicht senken konnten, aber der Kontakt mit einem freundlichen Hund konnte die Auswirkungen von mentalem Stress auf den Blutdruck wesentlich abschwächen.

- Neuroendokrinologische Wirkung und biochemische Veränderung wurden von Odendaal 2000 nachgewiesen.

- Rebecca A. Johnson dokumentierte eine gezielte Gewichtsreduktion durch ein Spaziergeh-Programm mit Hunden. Das Gewicht der Gruppe wurde um 60 kg reduziert und zusätzlich ergaben sich positive psychologische Effekte. (Mensch & Tier 2-2005)

- Forscher stellten bei 34 zwei- bis sechsjährigen Kindern fest, dass sich durch die Anwesenheit eines Hundes im Untersuchungsraum einer Klinik stressbedingte Reaktionen massiv verringerten. Auch als Motivationshilfe bei postoperativem Training am Orthozentrum München-Harlaching zeigte ein kleiner Hund große Wirkung, da die Kinder weniger schmerzempfindlich waren und kooperativer. (PROTHMANN S. 23/24)

Nach Nestmann zeigen sich durch Tiere Wirkungen bei den Herzkreislauffunktionen (Senkung des Blutdrucks und der Herzfrequenz, Kreislaufstabilisierung), im Bewegungsapparat (Muskelentspannung, Abnahme von Spastik, Besserung des Gleichgewichtes), im Nervensystem (neuroendokrine Wirkungen, Ausschüttung von Endorphinen, Änderung der Schmerzwahrnehmung) und im Gesundheitsverhalten (motorische Aktivierung, Training der Muskulatur, Aktivierung der Verdauung, Anregung zu besserer Ernährung, bessere Körperpflege, Reduzierung von Übergewicht ...). (PROTHMANN S. 24)

Die Gründe für die physiologischen Wirkungen sind bis heute nicht endgültig geklärt. Keine der Hypothesen wurde bis heute zweifelsfrei bewiesen.

4.1.2. Psychische/psychologische Wirkungen

Hunde erzielen vielfältige psychische Wirkungen im Zusammenleben mit den Menschen. U. a. steigern sie das Selbstwertgefühl und motivieren durch ihre Anwesenheit.

- J. Sebkova berichtete 1977 in England über eine angstmindernde Wirkung durch Hunde. (GREIFFENHAGEN S. 43)

- Davis bestätigte 1987 eine signifikant positive Verbindung zwischen einer besonders liebevollen Verbindung zum Familienhund und einem eigenen positiven Selbstbild.

- Vidovic beobachtete 1999 „dass lediglich die Hundebesitzer unter den Kindern mehr Einfühlungsvermögen besitzen und Mädchen mehr Einfühlungsvermögen als Buben zeigen" (VANEK-GULLNER 2003 S. 18)

- Bergler und Hoff belegten 2004, dass Hunde Scheidungskindern Sicherheit geben. Aggressives und mittelpunktsuchendes Verhalten entwickelt sich nur begrenzt, wenn eine enge Bindung zum Tier besteht. (Mensch & Tier 1-2005)

- In einer Studie 2007 stellten Bergler/Hoff außerdem fest, dass Frauen mit Hund auf den ersten Eindruck sozial attraktiver wirken. Die überwiegende Mehrheit der Befragten schrieben den Frauen mit Hund mehr Selbstdisziplin, Geduld, Familiensinn und eine optimistischere Lebenshaltung zu. Außerdem wirkten sie kontaktfreudiger, zufriedener mit ihrem Leben, lebhafter, optimistischer, sympathischer und gesundheitsbewusster. (Mensch & Tier 4-2007)

Zusammengefasst gibt es nach Nestmann durch Tiere im psychischen Bereich eine Stabilisierung der Befindlichkeit, eine Förderung von positivem Selbstbild, Selbstwertgefühl und Selbstbewusstsein, eine Förderung von Umwelt- und Selbstkontrolle, eine Förderung von Sicherheit, Selbstsicherheit und Abbau von Angst, eine Stressreduktion, Beruhigung, Entspannung, soziale Integration, Regressions-, Projektions- und Entlastungsmöglichkeit und antidepressive und antisuizidale Wirkung. (PROTHMANN S. 26)

4.1.3. Soziale Wirkungen

Der überwiegende Teil der wissenschaftlichen Untersuchungen zum Bereich der Hundegestützten Pädagogik/Therapie beschäftigt sich mit dem Bereich der sozialen Wirkungen. Nach Nienke Endenburg ist die „soziale Unterstützung durch Tiere... unbestritten". (OLBRICH/ OTTERSTEDT S. 123)

- 1954 beobachtete der Psychiater und Kinderpsychologe Dr. Boris Levinson die Rolle seines Hundes Jingles als Eisbrecher in der

Kontaktaufnahme zu einem Jungen. Er stellte fest, dass besonders der Umgang mit dem Hund die emotionale Entwicklung eines Menschen positiv fördert und er als sozialer Katalysator wirkt. In vielen weiteren Untersuchungen wurde belegt, dass Tiere einen Sympathiebonus geben und Menschen mit Tieren sozial attraktiver sind.

- Auch das Psychologenehepaar Sam und Elisabeth Corson konnte empirisch nachweisen, „dass zwischen der Beziehung des Menschen zu einem Tier und seiner Möglichkeit mit anderen Menschen eine Beziehung einzugehen, ein Zusammenhang besteht." (VANEK-GULLNER 2003 S. 27) Bei Patienten, die auf keine andere Therapie ansprachen, erfolgte durch die Hundegestützte Therapie zu 94 % eine Besserung. In der Studie von 1977, akzeptierten 47 von 50 Patienten die Hunde und profitierten von dieser Therapie. Corsons stellten fest, dass viele Kinder und Jugendliche beim Umgang mit den Hunden Sicherheit spüren, da die Tiere einen untergeordneten Status haben.

- Filiatre kam 1983 zu neuen Erkenntnissen über das Kommunikationsverhalten. Er stellte fest, „dass Kommunikation häufiger durch das Kind als durch sein Tier initiiert wird und die vom Kind ausgehenden Kommunikationssequenzen länger andauern als die vom Hund begonnenen. Ein älteres Tier regt eher zur Kommunikation an als ein junger Hund." (VANEK-GULLNER 2003 S. 14)

- 1989 erreichten Poresky und Goodman „bei einer kleinen Gruppe autistischer Kinder durch ein gut strukturiertes und stützendes Therapieschema, in dem einem Hund eine zentrale Rolle zukam, dass die sozialen Fähigkeiten der Kinder deutlich anstiegen." (PROTHMANN /ETTRICH www.tiere-als-therapie.de 03.12. 2005)

- McNicholas bestätigte 1998 „Hunde als starken Katalysator des Aufbaus sozialer Beziehungen zu Menschen und zwar sogar dann, wenn der Hund und sein Besitzer kein Interesse an sozialen Beziehungen zeigen." (VANEK-GULLNER 2003 S. 26) „Auch eine Untersuchung von Reinhold Bergler kam schon 1986 zu ähnlichen Schlüssen." (GREIFFENHAGEN/BUCK-WERNER S. 41)

- Pohl stellte 1999 fest, dass die analoge Kommunikation selbstverständlich zwischen Kind und Hund ist. (VANEK-GULLNER 2003 S. 17)

- An der Fakultät der Psychologie der Universität Hongkong gab es 1999 eine Pilotstudie mit 8 Kindern mit Down-Syndrom. Die täglichen Besuche der „Hundedoktoren" hatten auf das Verhalten dieser Patienten deutlichen Einfluss durch eine signifikante Steigerung der Eigeninitiative, eine Verbesserung des sprachlichen Ausdrucks, Engagement in Aktivitäten, freudigeres Verhalten, eine verbesserte Zusammenarbeit mit dem Pflegepersonal und anderen Patienten, weniger negativem und stereotypem Verhalten und einer freundlicheren Atmosphäre.

- Ortbauer belegte 2001, „... das Verhalten in der Schulklasse wird einheitlicher; die Extreme im Verhalten der Kinder werden abgeschwächt." (VANEK-GULLNER 2003 S. 28)

- Sandra Merriam-Arduini wies im Projekt POOCH nach, dass jugendliche Straftäter durch den Umgang mit Hunden erfolgreich sozialisiert werden können. Dabei wurden gestörte Hunde aus dem örtlichen Tierheim eingesetzt und es zeigte sich, dass es unter den Straftätern keine Wiederholungstäter gab. (Mensch & Tier 1-2005)

- Das amerikanische Team Robins, Sanders und Cahill stellte fest, dass Hunde „Kontakt, Vertrauen, Gespräch und Verbindung zwischen unbekannten Personen, die einander sonst fremd geblieben wären" ermöglichen. (GREIFFENHAGEN, BUCK-WERNER. S.42)

Eine Zusammenfassung nach Nestmann ergibt eine Aufhebung von Einsamkeit und Isolation durch Tiere (direkt durch Tierkontakt, indirekt durch Förderung zwischenmenschlicher Interaktionen in Gegenwart von Tieren „sozialer Katalysator", Erleichterung der Kontaktaufnahme, „Eisbrecher"-Funktion); Nähe, Intimität, Körperkontakt; Streitschlichtung, Familienzusammenhalt und Rettung der Beziehung (Tiere bieten Fülle an Gesprächsstoff, stärkere intrafamiliäre Kommunikation, Stärkung des Gefühls der Zusammengehörigkeit); positive soziale Attribution („Sympathiebonus", Erleichterung offener und unverkrampfter Interaktionen). (PROTHMANN S. 29)

4.2. Einsatz von Schulhunden in verschiedenen Schulformen

Bevor ich mich den praktischen Möglichkeiten der Hundegestützten Pädagogik in der Schule widme, möchte ich noch kurz auf die verschiedenen Schulformen eingehen, an denen zurzeit Schulhunde eingesetzt werden, um das weite Spektrum der Einsatzmöglichkeiten noch einmal zu verdeutlichen.

Meine private Sammlung von Schulen mit Schulhunden umfasst über 200 Schulen, wovon zurzeit 120 auf der Homepage aufgeführt sind. An der Fragebogenaktion beteiligten sich 50 Kolleginnen und immer ergibt sich von der Verteilung der Schulen ein ähnliches Bild, so dass ich hier die prozentuale Verteilung der Befragung aufführe:

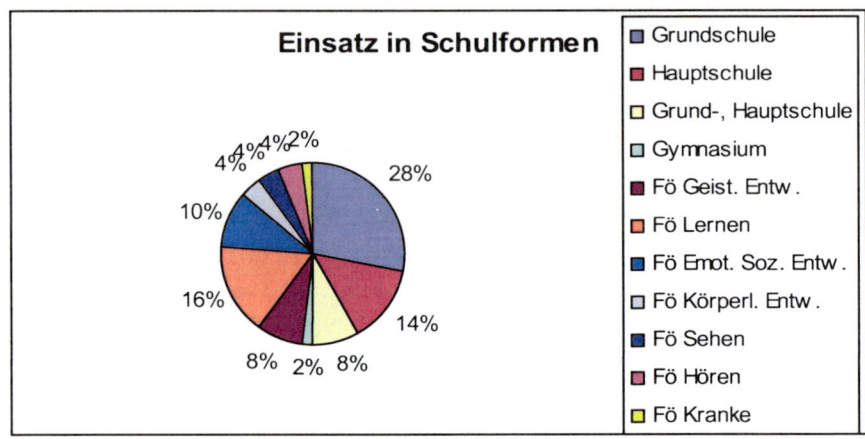

Ca. 50 % der Schulhunde werden an Grund- und Hauptschulen eingesetzt und 50 % an verschiedensten Förderschulen. Schwerpunkte liegen dabei an Förderschulen mit dem Förderschwerpunkt Lernen (8 Hunde), Emotionale und Soziale Entwicklung (5 Hunde) und Geistige Entwicklung (4 Hunde).

An Gesamtschulen, Realschulen und Gymnasien werden bisher erst wenige Schulhunde eingesetzt. In Düsseldorf an einer Realschule wird seit 2006 die Labradorhündin Xenia eingesetzt und an einer Abendrealschule in Köln unterstützt ein Australian Shepherd eine Kollegin. Allgemein liegt der Schwerpunkt der Hundegestützten Pädagogik aber an den Grund-, Haupt- und Förderschulen. Ein wichtiger Grund hierfür ist wahrscheinlich im Klassenlehrerprinzip an diesen Schulformen zu sehen, d. h. überwiegend unterrichtet ein Lehrer in einer Klasse und so werden die eingesetzten Hunde auch oft als Klassenhund bezeichnet, da sie überwiegend in einer Klasse anwesend sind, was den Stressfaktor für den Hund enorm reduziert und einen intensiveren Beziehungsaufbau der Schüler zum Hund ermöglicht.

Wichtig erscheint in diesem Zusammenhang, dass das Schülerklientel an den verschiedenen Schulformen natürlich völlig unterschiedlich ist. Somit ist die Ausbildung der Lehrerin auch nicht gleich und die Schulhunde werden ebenfalls unter sehr unterschiedlichen Gesichtspunkten in den Schulen eingesetzt.

4.2.1. Primarstufe

Mit einem Einsatz von Hunden an Grundschulen zu 28 % und einem zusätzlichen Einsatz von 8 % an gekoppelten Grund- und Hauptschulen werden Schulhunde überwiegend bei sechs bis zehnjährigen Kindern eingesetzt. Dabei muss der Anteil dieses Klientels in Förderschulen (geschätzte 25 %) noch zusätzlich gesehen werden, so dass sich wahrscheinlich über 50 % für den Altersbereich von 6 - 10 Jahren ergeben.

Meine eigenen Erfahrungen mit meinem Hund in der Schule, aber auch außerhalb der Schule, bestätigen, dass allgemein besonders jüngere Kinder sehr an einem Kontakt zu dem Hund interessiert sind. Leider habe ich zu diesem eigentlich sehr offensichtlichen Punkt kaum Untersuchungen gefunden. Kurt Kotrschal bestätigte diesen Fakt in seinem Vortrag: Warum und welche Kinder sich für Tiere interessieren" auf dem Mensch-Tier-Kongress in Berlin 2007. Ein Forscherteam untersuchte „den Tierbezug von Kindergartenkindern, weil Kinder besonders an Tieren interessiert zu sein scheinen" und kamen zu dem Ergebnis, dass je jünger die Kinder waren, desto interessierter zeigten sie sich an den Tieren. (Kongress Mensch und Tier Vorträge 2007 S. 87)

Lotte Rose gibt in ihrem Aufsatz „Tiere und Soziale Arbeit" an, dass nach der Jugendstudie „null zoff & voll busy" von 2002 Haustiere bei der Frage nach wichtigen Bezugspersonen für 90 % der Kinder sehr wichtig oder wichtig sind und sie zu vollwertigen Mitgliedern ihrer Familie zählen. (ROSE S. 208)

Der häufige Einsatz von Schulhunden im Primarbereich entspricht scheinbar auch dem besonderen Interesse dieser Altersgruppe an Tieren allgemein. Wenn man die Ergebnisse der Untersuchung von Kotrschall näher betrachtet, so würde das bedeuten, dass besonders bei den jüngeren Schülern, also den Erstklässlern, der Einsatz eines Hundes auf großes Interesse stoßen würde und somit auch besondere Wirkungen erzielen könnte! Andrea Vanek-Gullner hat mit ihrem Hund in einem ersten Schuljahr gearbeitet und vielfältige Erfolge bei verhaltensauffälligen Schülern nachgewiesen. In Regelschulen könnten also Schulhunde, die von erfahrenen Kolleginnen eingesetzt werden, vielfältig in den Bereichen Prävention, Diagnostik und individuelle Förderung Unterstützung bieten. Im Primarbereich werden Hunde neben dem Klassenunterricht auch häufiger zur Förderung in Kleingruppen oder im Einzelunterricht eingesetzt.

4.2.2. Sekundarstufe

Der Einsatz von Schulhunden im Bereich der Sekundarstufe ist anhand der oberen Prozentzahlen ebenfalls nicht eindeutig nachzuvollziehen. Wenn wir aber von einem Einsatz in Grundschulen zu 28 % ausgehen und einem Einsatz in Hauptschulen zu 14 %, dann können wir wahrscheinlich darauf schließen, dass diese Verteilung auch ungefähr an den gekoppelten Grund- und Hauptschulen und den Förderschulen vorliegt. An Realschulen, Gymnasien, Gesamtschulen und Berufsschulen sind Schulhunde bisher erst in Einzelfällen zu finden.

Nach der Jugendstudie von 2002 sind für 79 % der Jugendlichen Haustiere sehr wichtig oder wichtig. (ROSE S. 208) Es ist also davon auszugehen, dass die pädagogischen Ansätze in der Sekundarstufe anders sind, so dass Schulhunde dort bisher weniger eingesetzt werden. Wahrscheinlich spielen auch die deutlich durch mehr Männer geprägten Kollegien eine Rolle, denn Schulhunde begleiten zu ca. 90 % Frauen in die Schule. Kotrschal betonte noch einmal, dass Mädchen/Frauen allgemein mehr an Tieren interessiert sind. Er weist darauf hin, dass das Interesse an Tieren von „dem mit der Pubertät verbundenen Wechsel von Fokus und Persönlichkeit beeinflusst zu sein scheint". (Kongress Mensch und Tier 2007 S. 87)

Wie überall werden die Hunde in der Sekundarstufe überwiegend im normalen Klassenunterricht eingesetzt. Aber auch in speziellen Arbeitsgemeinschaften zum Thema „Hundeführerschein" oder „Tierschutz" tragen sie manchmal zu einem praxisbezogenen Arbeiten bei.

4.2.3. Förderschulen

Der fast fünfzigprozentige Einsatz von Schulhunden in verschiedensten Förderschulen hängt sehr wahrscheinlich mit dem individuellen Förderansatz dieser Schulformen zusammen. Wenn man von dem nur gut fünfprozentigen Anteil der Förderschulen in Deutschland ausgeht, dann zeigt sich hier das besondere Lehrerklientel, das es gewohnt ist, neuere pädagogische Ansätze zu verfolgen, um ihre Schüler möglichst umfassend und individuell zu fördern. Die prozentual sehr unterschiedliche Verteilung in den verschiedenen Förderschulen hängt dabei eindeutig mit der Anzahl der verschiedenen Förderschulen zusammen. Schulen mit dem Förderschwerpunkt Lernen gibt es in fast jeder Stadt und deshalb liegt die Anzahl von Schulhunden in dieser Schulform deutlich höher als an anderen Förderschulen, die eine geringere Verbreitung haben.

Je nach Förderschwerpunkt werden die Hunde natürlich sehr unterschiedlich eingesetzt. An diesen Schulformen kommt es häufiger vor, dass die Möglichkeit von Einzel- oder Gruppenunterricht besteht, da die Schüler auf Grund ihrer Behinderung zeitweise von zwei Lehrerinnen unterrichtet werden. An Förderschulen mit den Schwerpunkten geistige oder körperliche und motorische Entwicklung werden Hunde auch häufiger von Lehrerinnen und verschiedenen Therapeutinnen eingesetzt, so dass diese Schulhunde berechtigterweise als Therapiehunde bezeichnet werden können. Die Therapeutinnen arbeiten häufig mit den Schülern in Einzelarbeit.

4.3. Einsatzmöglichkeiten des Hundes im Klassenverband

„In Deutschland werden gegenwärtig etwa 24 Millionen Heimtiere gehalten, davon etwa … 5 Millionen Hunde". Kotrschal u. a. kamen in ihrer Studie „Faktor Hund" „auf jährliche Kosten pro Hund von rund 1.000 Euro, mit zusätzlichen Einmalkosten von 1.500 Euro. … Eine Wirtschaftsleistung, die … auch tausende von Arbeitsplätzen sichern hilft." (GREIFFENHAGEN/BUCK-WERNER S. 30/31) Diese Zahlen wurden in einer neueren Studie an der Universität Göttingen für Deutschland bestätigt. (dogs 5/2007 S. 108)

Sie bedeuten gleichzeitig, dass ca. auf jeden 3. Schüler ein Hund kommt und sehr viele Schüler regelmäßig Kontakt zu Hunden haben und diese auch ihr weiteres Leben beeinflussen werden. In NRW gab es nach der Statistik im Jahr 2007 ca. 2.136.000 Schüler und 700.000

Hunde. Unter diesem Aspekt sind natürlich die aufgeführten Bildungs- und Erziehungsziele der Schule über einen Hund einfacher zu erreichen als über ein anderes Tier. Wobei die besondere Beziehung zwischen Mensch und Hund zusätzlich eine Rolle spielt.

In der Regel kommen die Hunde in der Schule zunächst einfach mit in eine Klasse (Klassenhund). Dort mischen sie am Anfang den Unterricht etwas auf, aber mit der Zeit werden sie zur Gewohnheit und unterstützen einzelne Schüler beim Lernen. Die freie Interaktion in der Klasse kann die Schüler in vielfältiger Art und Weise fördern, ohne dass dadurch der Unterricht gestört wird. Allerdings sind die verschiedenen, oben angeführten Bedingungen des Hundes, der Lehrerin, der Schüler und in der Schule eine wichtige Voraussetzung für einen gefahrlosen Einsatz für Hund und Schüler. Je nach Schulform ist aber auch, wie oben bereits erwähnt, von völlig unterschiedlichen Rahmenbedingungen für die Hundegestützte Pädagogik auszugehen!

4.3.1. Schaffung einer besonderen Atmosphäre

Nienke Endenburg weist darauf hin, dass „Tiere … auch in der Klasse eine wichtige Funktion als Mittler zwischenmenschlicher Kontakte" haben. (OLBRICH/OTTERSTEDT S. 124) Und Bergler schrieb zu diesem Thema schon 1986: „Es kommt nicht nur zu einer Erhöhung und Stabilisierung des eigenen Selbstwertes, sondern durch die regelmäßige Interaktion mit dem Tier und dessen Reaktionen werden dem Patienten auch die Grenzen des eigenen Verhaltens sowie die Formen wechselseitiger Abhängigkeit bewusst." (BERGLER S. 52)

In einer der wenigen speziellen Untersuchungen zum Thema von Kotrschal/Ortbauer 2001 wurde festgestellt, das die freie Interaktion mit Hunden „den sozialen Zusammenhalt der Klasse und die Aufmerksamkeit in Richtung Lehrerin verbesserte und lautes, auffälliges und aggressives Verhalten" gedämpft wurde.

(OLBRICH/OTTERSTEDT S. 268) Somit schaffen Hunde durch ihre Anwesenheit scheinbar eine völlig andere Atmosphäre.

Dabei ist aber die Möglichkeit der freien Interaktion sehr wichtig. Nur wenn Hund und Schüler, natürlich unter Beachtung bestimmter Regeln, frei agieren können, kann sich diese Atmosphäre entwickeln. Schüler, die während des Unterrichts kaum ihren Platz verlassen dürfen, um Kontakt zu Mitschülern und/oder dem Hund aufzunehmen oder Hunde, die mit einer Leine irgendwo im Klassenraum fixiert sind, können nur sehr begrenzt zu einer positiven Veränderung im Klassengefüge beitragen!

Schon 1980 wiesen Corson & Corson auf die spezifischen Fähigkeiten von Hunden für einen Therapieeinsatz hin: „Liebe und taktile Kontakte ohne Vorbehalt, ohne situationsabhängige Schwankungen und Bewertungen zu geben, sowie das ständig andauernde „kindlich unschuldige" Vertrauen, dass der Hund dem Menschen entgegenbringt. Dieses Verhalten veranlasst dann umgekehrt auch den Menschen dazu, einem Hund zu vertrauen und sich für das Tier verantwortlich zu fühlen." (BERGLER S. 50/51)

Da die Entspannung über den Hund vielfach wissenschaftlich erwiesen ist, tritt dieser Effekt natürlich in jeder Unterrichtsstunde bei den Schülern (und auch bei der Lehrerin) ein, auch wenn die Ursache für diesen Effekt bisher noch nicht eindeutig erforscht ist. Friedmann, Katcher, Thomas, Lynch & Messent haben schon 1983 nachge-wiesen, „dass bei Leistungsanforderungen die Anwesenheit eines Hundes den Blutdruck bei Kindern weniger ansteigen lässt, als dies in der gleichen Situation, aber ohne die Anwesenheit eines Hundes der Fall ist." (BERGLER S. 60)

Aber der Hund kann auch keine Wunder vollbringen! Je nach Größe der Klasse und dem Schülerklientel stellt diese Art des Einsatzes für den Hund einen sehr hohen Stressfaktor dar, der nicht zu verkennen ist! Die vielfältigen Gerüche und Stimmungen, die der Hund viel intensiver wahrnimmt als der Mensch, können besonders für junge und/oder untrainierte Hunde zu einer hohen Belastung führen, aus der sie sich häufig nicht selbstständig zurückziehen können!

Und eine Chaotenklasse wird nicht automatisch durch die Anwesenheit eines Hundes zur Musterklasse, weil sich alle Schüler automatisch entspannen und alle ihre Ängste und Aggressionen sofort verschwinden! Ein vielfältiges Wirkgefüge spielt immer eine

Rolle und ggf. kann der Hund beschimpft, geärgert und im Extremfall sogar geschlagen werden, da er das schwächste Glied in der Hierarchie ist!

Hier ist es die Aufgabe der Pädagogin, vor dem Einsatz des Hundes klare Regeln mit den Schülern zu erarbeiten, den Hund langsam an die Schule heranzuführen und die Prozesse in der Klasse genau zu beobachten, damit die Teilnahme am Unterricht nicht zu Lasten des Hundes geht.

Nicht alle Schüler sehen den Einsatz eines Hundes in der Klasse sofort positiv. Allgemein erfolgt die Zuwendung zu einem Tier zwar immer schneller als zu einem Menschen, wenn keine besonderen Ängste vorliegen, aber wie bereits berichtet, entwickeln sich hier auf Grund der unterschiedlichen Hundepersönlichkeiten auch sehr individuelle Beziehungen, bzw. sie entwickeln sich nicht.

Da in der Regel nur ein Hund in einer Klasse mit z. T. über 30 Schülern eingesetzt wird, können die Schüler in der Regel häufig nicht nach ihren Vorstellungen mit dem Hund agieren, auch wenn die Möglichkeit der freien Interaktion gegeben ist. So kommt es immer wieder einmal zu einem Wettkampf um die Gunst des Hundes, der aus Frust auch in Beschimpfungen und/oder Ärgereien des Hundes münden kann, da dieser sich in der Regel nicht wehrt.

Es ist zu beobachten, dass Hunde besonders in Klassen eingesetzt werden, in denen Schüler größere Defizite im emotionalen und sozialen Bereich haben, da die Kolleginnen sich Unterstützung durch die Tiere und die Veränderung der Atmosphäre versprechen und Fortschritte in den oben genannten Bereichen. Aber dieses Schülerklientel kann sich nicht durch den Hund von einen Tag auf den anderen verändern und so ist das besondere Gespür der Kolleginnen gefragt, eine gute Teambindung zwischen Besitzerin und Hund und eine realistische Einschätzung der Situation.

Häufig kommt es nach der ersten Euphorie beim Einsatz eines Schulhundes zu kleinen oder größeren „Tests" der Schüler um die Reaktionen des Hundes oder der Besitzerin zu erforschen. Vereinbarte Regeln werden bewusst nicht mehr eingehalten, die Hunde werden beschimpft oder provoziert, für sie gefährliche Gegenstände liegen gelassen, man versucht sie auf Mitschüler zu hetzen u.s.w..

Hier liegt es in der Verantwortung der Besitzerin, den Hund zu schützen und ihn ggf. zeitweise oder auf Dauer nicht mehr in dieser

Klasse einzusetzen. Allgemein können diese Prozesse bewusst pädagogisch genutzt werden und nach einer umfassenden Klärung und neu überarbeiteten Regeln die Atmospäre der Klasse positiv beeinflussen.

4.3.2. Unterstützung der Lehrerin

Kotrshall/Ortbauer fanden bei ihrer Untersuchung an der Europaschule in Wien heraus, dass die Lehrerin mehr beachtet wurde, wenn ihr Hund in der Klasse anwesend war, „was nicht nur dem Unterricht nützte, sondern auch eine große Unterstützung für die Schlichtung von Streitigkeiten bedeutete. Die Kinder achteten offenbar die Lehrerin als Herrin des Hundes höher als zuvor ...". Ähnliche Erfahrungen konnte ich während der siebenjährigen Begleitung durch meinen Hund in der Schule machen. Besonders beim kurzfristigen Vertretungsunterricht in anderen Klassen ergibt sich durch die Begleitung des Hundes schnell eine entspannte, lockere Atmosphäre. Neben dem regulären Unterrichtsstoff kommt es über ihn immer wieder zu interessanten Gesprächen über persönliche Erfahrungen der Schüler, die die Beziehung Schüler – Lehrerin positiv beeinflussen und so auch das Lernklima.

Welche Aspekte dabei eine besondere Rolle spielen, kann hier nur vermutet werden. Prof. Dr. Tanja Hoff wies in ihrem Vortrag „Psychologie des ersten Eindrucks" auf dem 2. Kongress Mensch und Tier 2008 in Berlin darauf hin, „dass Menschen, die von einem Hund begleitet werden, qualitativ anders wahrgenommen und beurteilt werden als Menschen, die nicht von einem Hund begleitet werden". Erste Eindrücke beeinflussen die weitere Wahrnehmung und Beurteilung eines Menschen. „Der Schlüsselreiz Hund wirkt sich (u. a.) in hoch signifikantem Maße auf eine positive Wahrnehmung der Persönlichkeitseigenschaften Extraversion, soziale Attraktivität und Durchsetzungsfähigkeit aus." (Kongress Mensch und Tier Vorträge 2008 S. 61 ff)

Aber wie oben bereits erwähnt, wirkt sich die entspannende Wirkung von Hunden natürlich in der Schule auch auf seine Besitzerin aus, wenn die allgemeinen Bedingungen weitgehend erfüllt sind. Dabei spielt eine gute Teambildung zwischen Lehrerin und Hund eine zusätzliche wichtige Rolle.

Neben der persönlichen Unterstützung der Lehrerin, die allgemein oft vergessen wird, sollen Hunde diese natürlich auch im

Klassenunterricht bei der pädagogischen Arbeit mit den Schülern unterstützen. Dabei ergeben sich m. E. zwei Schwerpunkte, die näher erläutert werden sollen.

4.3.2.1. Förderung und Unterstützung einzelner Schüler

In der Regel werden Klassen von einer Lehrerin unterrichtet und die individuelle Unterstützung einzelner Schüler kommt dabei immer wieder zu kurz, da der zeitliche Rahmen zu eng gesteckt ist. Oft handelt es sich dabei nicht um eine Unterstützung im Leistungsbereich, sondern bei vielen Schülern ist das Lernen durch Ängste, Aggressionen, fehlende Motivation, mangelndes Selbstvertrauen etc. beeinträchtigt. Corson & Corson schrieben dazu: „Mit seiner bedingungslosen Zuneigung hilft der Hund, den Teufelskreis von Einsamkeit, Hilflosigkeit und sozialem Sichzurückziehen zu durchbrechen." (GUTZWILLER S.4) Ein gut ausgesuchter und trainierter Hund agiert also als Hilfslehrer, indem er in der Regel ohne besondere Unterstützung selbstständig Kontakt zu den Schülern aufnimmt, die durch seine Anwesenheit gestärkt und unterstützt werden müssen. Normalerweise isolierte Schüler sind so nicht mehr allein und neue Mitschüler werden über die direkte Zuwendung des Hundes und ihn als Kommunikationsanlass äußerst schnell in die Klassengemeinschaft integriert.

Die Lehrerin kann den Hund während des Klassenunterrichts bewusst zur Unterstützung einzelner Schüler oder kleiner Gruppen einsetzen, indem sie ihnen verschiedene Aufträge oder Aufgaben im Zusammenhang mit dem Hund überträgt, und die Schüler so durch das in sie gesetzte Vertrauen stärkt. Dabei kann es sich um die Wasserversorgung, das Bürsten oder Füttern des Hundes handeln.

Es bringt immer wieder Abwechslung in den Alltag der Schüler und des Hundes, wenn verschiedenste Dinge mit ihm trainiert werden. Dadurch können einige Schüler im laufenden Unterricht belohnt oder speziell gefördert werden. Für den Hund bedeuten diese Aktivitäten, besonders wenn sie zusätzlich belohnt werden, eine willkommene Abwechslung und die Schüler lernen auf Dauer, wie schrittweise

etwas eingeübt wird und wie viel Geduld dazu gehört, bis eine Übung sicher funktioniert. Außerdem wird die Funktion des Lobes sehr deutlich und der Einsatz der Körpersprache und der Stimme wird geübt. Alles natürlich immer unter der Berücksichtigung der unter Punkt 3 aufgeführten Bedingungen!

Neben dem aktiven Bereich ist es für einige Schüler auch sehr entspannend und somit leistungsfördernd, wenn sie in Ruhe intensiveren Körperkontakt zu dem Hund aufnehmen können und ihn streicheln dürfen. Da die Schüler den Hund ja auf keinen Fall an seinem Ruheplatz stören sollen, ist es äußerst vorteilhaft, wenn es in der Klasse einen Teppich o. ä. gibt, auf dem sich Schüler und Hund in Ruhe begegnen können. Auf Dauer lernt der Hund, dass er hier besonders viele Streicheleinheiten bekommt, wenn er es möchte! Und die Schüler können sich hier Entspannung für ihre schulische Arbeit holen.

Dem Hund regelmäßig vorlesen schult nach Untersuchungen in den USA das Lesen! (R.E.A.D. – Reading Education Assistance Dogs) In einer ca. einjährigen Studie in den USA wurde festgestellt, dass sich nicht nur die Lesefähigkeit deutlich verbesserte, sondern die Kinder auch deutlich mehr Selbstbewusstsein ausstrahlten, sich in der Schule mehr einbrachten und sich beim Lesen sichtbar entspannten! Es ist also für eine Klasse optimal, wenn diese Leseaktivität regelmäßig auf dem Schmuseteppich stattfindet, oder es im Raum oder in einem Nebenraum einen zusätzlichen Bereich dafür gibt.

Zurzeit untersucht Prof. Henri Julius von der Universität Rostock ebenfalls den Bereich Lesen mit Hund, konnte aber auf dem 2. Kongress Mensch und Tier 2008 in Berlin noch keine endgültige Auswertung vorstellen. (Kongress Mensch und Tier Vorträge 2008 S. 17)

4.3.2.2. Spiegelung des Schülerverhaltens

Bei einem gut eingespielten Team liefert der Hund der Lehrerin durch sein Verhalten in der Klasse aber auch vielfältige Informationen, die diese nicht immer selbst erfassen kann. Wie und wo sich der Hund in der Klasse hinlegt kann der Lehrerin Aufschluss über den Gemütszustand der Klasse oder einzelner Schüler geben.

„Erst heute wissen wir, dass der Hund den Menschen und seine Sprache viel besser 'versteht' als etwa Schimpansen". (GREIFFENHAGEN/BUCK-WERNER S. 31) Auch die Orientierung an bestimmten Schülern oder ihre Meidung macht vieles deutlich. Immer wieder kommt es vor, dass die verbale Sprache oder die grobe Körpersprache der Schüler nach außen deutlich etwas vermittelt, was nicht mit der Reaktion des Hundes zusammenpasst. Diese Schüler schauspielern für ihre Umwelt, obwohl sie innerlich etwas ganz anderes fühlen bzw. sagen wollen! Und häufig ist eine Lehrerin nicht in der Lage ihre Schüler so gut zu „lesen" wie ihr Hund. Auch die „Art und Weise, wie ein Kind mit einem Tier umgeht, kann widerspiegeln, wie das Kind mit seiner sozialen Realität umgeht", schreibt Nienke Endenburg (OLBRICH/ OTTERSTEDT S.128).

Anke Prothmann belegte in einer Studie, dass auf Basis von Verhaltensdaten zwischen einem Hund und einem Probanden bei mehr als drei Viertel der Patienten ihr Krankheitsbild korrekt klassifiziert werden konnte. (PROTHMANN S. 128) Hunde haben also ein außerordentliches Gespür für die Individualität des Menschen.

4.3.3. Tierschutzaspekte leben

In diesem Kapitel geht es um die Verantwortung und das Verantwortungsbewusstsein der Schüler und Schülerinnen für Natur und Tiere, ein Punkt der als Bildungs- und Erziehungsziel im Schulgesetz des Landes NRW verankert ist.

Im Positionspapier des Schweizer Tierschutzes zu Tieren im Unterricht von 2003 steht: „Der Wunsch, Tiere im Schulzimmer zu halten, entspringt oft der Idee, Kinder zu ermutigen, die Bedürfnisse von Tieren verstehen zu lernen, vor allem wenn sie selbst keine Tiere zu Hause haben. Die Kinder sollen lernen, mit der Pflege der Tiere Verantwortung zu übernehmen, regelmäßige Aufgaben zuverlässig zu erfüllen und sich rücksichtsvoll gegenüber Anderen/Schwächeren zu verhalten und deren Bedürfnisse zu erkennen. Dieses Lehrziel ist eigentlich bereits Tierschutz!

Es geht dabei um folgende Punkte:

- Durch direkte Begegnung mit Naturerscheinungen immer wieder aufs Neue über das Wunder „Leben" staunen können.

- Die Eigenschaften und Ausdrucksformen des Lebendigen kennen lernen.

- Bedürfnisse von Tieren und Pflanzen kennen.

- Die Ansprüche der Menschen an ihren Lebensraum mit den Bedürfnissen anderer Lebewesen vergleichen.

- Die wichtigsten Regeln für das Halten und Pflegen von Haustieren und Pflanzen kennen und umsetzen.

- Sich mit verschiedenen Einstellungen und (Lebens-)Haltungen auseinandersetzen und ihre Auswirkungen auf Tiere und Umwelt untersuchen." (SCHWEIZER TIERSCHUTZ S. 5)

Was ist besser dazu geeignet, diese Punkte zu erarbeiten, als die ständige direkte Begegnung und Auseinandersetzung mit einem Hund im Unterricht! Dabei ist die Lehrerin auch Vorbild für den verantwortungsvollen Umgang mit dem Tier und über sie und ein pädagogisch gut durchdachtes Konzept können die Schüler viel über die Verantwortung für Tiere und Natur lernen.

Heute weiß man, dass in Familien, in denen Tiere misshandelt werden, auch die Wahrscheinlichkeit sehr groß ist, dass Frauen und Kinder misshandelt werden ... Nach Vanek-Gullner sieht der Karlsruher Pädagoge und Theologe Gotthard M. Teutsch „das Mitgefühl des Kindes dem Vierbeiner gegenüber als Wurzel mitmenschlichen Verhaltens. Die Liebe zum Tier führe zur Liebe zum Mitmenschen." (VANEK-GULLNER 2003 S. 8)

Carola Otterstedt geht davon aus, dass „das Weitergeben von kulturellen Normen – wie beispielsweise der Respekt gegenüber dem Tier und eine sensible, sinnvolle, kommunikative Beziehung zwischen Mensch und Tier – als gesellschaftliche Chance verstanden, ... auch die Entwicklung einer wertvollen kulturellen Identität" ermöglicht. (OLBRICH/OTTERSTEDT S. 31)

Nach einer Studie von Dr. Sabine Maschke u. a. von der Uni Siegen im Jahre 2002 setzen sich 60 % der 10 - 12jährigen Kinder für den Schutz der Tiere ein, aber nur 52 % für ihre Familie und 50 % für den Schutz der Umwelt. Von 13 - 18jährigen Jugendlichen setzen sich nur noch 36 % für den Tierschutz ein, aber 59 % für die Familie. (www2.uni-siegen.de/~zse/seiten/Lehre/Maschke/Vortrag_Wilgersdorf_ohneBilder_sw.ppt - 13.1.2008) Der Schwerpunkt verschiebt sich also, wie schon angeführt wurde, durch das unterschiedliche Alter der Schüler.

4.3.4. Wissen zum Thema Hund erarbeiten

Durch die ständige Anwesenheit des Hundes in der Klasse und seine direkte Motivation kann mit den Schülern anschaulich Wissen zum Thema Hund erarbeitet werden. Über den täglichen Kontakt ergeben sich automatisch viele Fragen bei den Schülern, die sie beantwortet haben möchten.

Im Vordergrund steht zunächst einmal die richtige Kontaktaufnahme zum Hund, die Körpersprache, die notwendige Versorgung etc. Die größte Freude bereitet es den Schülern immer wieder, wenn der Hund auf sie hört und ihre Anweisungen befolgt. Da er das unterste Glied in der Hierarchie ist, werden die Schüler über ihn natürlich auch aufgewertet. Außerdem macht es auch Spaß auszuprobieren, was der Hund alles kann, bzw. was man ihm beibringen kann.

Für und über den Hund, zu dem sie mit der Zeit eine immer intensivere Beziehung aufbauen, sind die Schüler bereit ihre Leistungsbereitschaft zu steigern. So wird über ihn manchmal eine negative Spirale durchbrochen, so dass in anderen Fächern die Leistungsbereitschaft ansteigt.

In speziellen Arbeitsgemeinschaften kann mit besonders motivierten Schülern das Thema Hund und Hundeerziehung sehr gut praktisch aufgearbeitet werden. Da Hunde mittlerweile in vielen Haushalten als Familienmitglied leben, ist es wichtig den Kindern und Jugendlichen eine gute Basis für ein gefahrloses Miteinander mitzugeben. Eine Art Hundeführerschein als Nachweis für ihre Kompetenz auf dem Gebiet motiviert viele Schüler zusätzlich sich mit dem Thema intensiver auseinanderzusetzen.

An vielen Schulen kommt es über den Hund zu Kontakten mit Zeitung, Radio und Fernsehen. Die Schüler sind gemeinsam mit dem Hund etwas Besonderes und haben anderen etwas voraus. Auch in anderen Klassen oder Schulen können sie ihr besonderes Wissen über den Hund weitergeben. Sie schlüpfen also über ihn in eine ganz andere Rolle, die ihnen auf Dauer zu mehr Selbstbewusstsein verhilft und individuelle Fähigkeiten schult. Der Hund ist somit ein Medium, das zur Weiterentwicklung der Schüler auf besondere Art beitragen kann.

4.3.5. Bewegung mit dem Hund

 Über den Hund gelingt es auch immer wieder Schüler körperlich zu aktivieren, die normalerweise wenig Interesse an Spielen und Bewegung zeigen. Durch den Hund erhält vieles einen neuen Stellenwert und dadurch neue Motivation. Selbst Hunde, die keine besonderen Ballfetischisten sind, animieren zu Spielen und Bewegung. An Aktionen in der Turnhalle müssen die Hunde dabei auf Grund des Hallenbodens und der besonderen Akustik sehr vorsichtig herangeführt werden.

Auch Aktionen in Wald und Flur bekommen über den Hund eine ganz andere Bedeutung. Einige Untersuchungen zeigten positive Ergebnisse in der Entwicklung von adipösen Kindern, die über regelmäßige Kontakte zu Hunden zu mehr Bewegung aktiviert wurden.

4.3.6. Zusammenfassung der Möglichkeiten im Klassenverband

In diesem Kapitel sind nur die wichtigsten Aspekte und Einsatzmöglichkeiten eines Hundes im Klassenverband dargestellt. Wie bereits näher ausgeführt, hängen die Möglichkeiten stark vom Hund, der Kollegin, der Schulform, dem Schülerklientel etc. ab. Ein charakterlich adäquater und gut ausgebildeter Hund schafft nachweislich eine besondere Atmosphäre und sorgt für mehr Entspannung in der Klasse, so dass in der Regel ein effektiveres Lernen möglich ist. Hierbei können aber keine „Wunder" erwartet werden, sondern die Pädagogin muss besonders bei einem schwierigeren Schülerklientel die vielfältigen Wirkmechanismen berücksichtigen.

Zusätzlich unterstützt der Hund die Lehrerin, indem er während des regulären Unterrichts Kontakt zu einzelnen Schülern aufnimmt und sie individuell betreut. Durch die freien Interaktionen des Hundes ist es der Pädagogin bei einer guten Schulung und einem eingespielten Team außerdem möglich, zusätzliche Informationen über die Schüler, ihre Stimmungen, Probleme und notwendige Unterstützung zu erhalten.

Über den Hund sind praktisch allgemeine Lernziele zur Wissenserarbeitung und zum Tierschutz mit hoher Motivation umzusetzen. Die Vermittlung über Herz und Hand bereichert das Schulleben, in dem häufig die Wissensvermittlung über den Kopf dominiert. Der Schutz des Hundes sollte bei allem aber nicht vergessen werden und ihm ist aus ethischen und tierschutzrelevanten Gründen immer Vorrang vor dem allgemeinen Nutzen in der Schule zu geben.

4.4. Einsatzmöglichkeiten des Hundes in der Einzel- und Kleingruppenarbeit

Der alltägliche Unterricht stellt allgemein immer noch kognitiv-fachliche Zielsetzungen in den Mittelpunkt. Nicht nur an den Förderschulen haben Schüler zunehmend Schwierigkeiten im emotionalen und sozialen Bereich, im Lern- und Arbeitsverhalten sowie im Bereich Kommunikation. Die Probleme sind häufig keine vorübergehenden Begleiterscheinungen, sondern zentraler Bestandteil von umfangreichen Lernproblemen, die wiederum zu umfassenden Verhaltensproblemen führen. Bei der Einschulung werden bestimmte Basiskompetenzen bei den Schülern vorausgesetzt, auf denen die gesamte Arbeit in der Schule aufbaut. Diese fehlen aber zunehmend und werden häufig im Unterricht nicht mehr oder kaum noch thematisiert.

In der Einzel- oder Kleingruppenarbeit mit dem Hund können zunächst die Probleme der Schüler genauer diagnostiziert werden, um sie dann mit seiner Hilfe und ohne schulischen Stress aufzuarbeiten. Dabei kann es sich um mangelhafte Aufmerksamkeit oder Motivation, unsystematisches Arbeiten, geringes Selbstwertgefühl, mangelnde Kontaktaufnahme o. Ä. handeln. Mit Unterstützung des Hundes können diese Probleme analysiert und schrittweise bearbeitet werden, ohne dass der Focus immer direkt beim Schüler liegt. Dadurch verbessert sich automatisch die Resilienz (Widerstandsfähigkeit) der Schüler und sie können auf Dauer ihren Alltag besser bewältigen.

Ein zielorientiertes Arbeiten mit dem Hund ist natürlich in der Kleingruppe oder im Einzelunterricht viel effektiver möglich als im Klassenverband. Die Lehrerin kann sich besser auf die Interaktion zwischen Schüler und Hund konzentrieren und der Hund kann sich besser auf einzelne Schüler einstellen. Will man gezielt arbeiten, dann stellt das in der Regel auch höhere Anforderungen an den Hund, denn er ist viel intensiver in den Unterricht eingebunden und somit höherem Stress ausgesetzt.

Zwar findet hier oft eine freie Interaktion zwischen Schüler und Hund statt, aber häufiger handelt es sich auch um eine gelenkte Interaktion, bei der der Hund auf bestimmte Anweisungen der Lehrerin bzw. des Schülers gezielt reagieren muss, um ein bestimmtes Lernziel zu erreichen.

Ich kann zwar keine genauen Angaben machen, aber ich gehe davon aus, dass dieser Bereich der Hundegestützten Pädagogik in der Schule prozentual wahrscheinlich unter 20 % liegt. In der Regel findet dieser Unterricht häufig nicht im gewohnten Klassenraum statt, so dass für den Hund an die Ruhedecke, Wasser etc. gedacht werden muss, um ihm das konzentrierte Arbeiten zu erleichtern!

Aufgrund des Personalschlüssels ist es nach meinen Erfahrungen bisher relativ selten möglich Hunde im Einzelunterricht mit Schülern einzusetzen. Durch die intensive Interaktion zwischen Kind und Hund und die Möglichkeit des konzentrierteren, gezielteren Arbeitens können allerdings relativ schnell gute Ergebnisse erzielt werden.

Andrea Vanek-Gullner setzt die Einzelarbeit in ihrem Konzept TGHP zur „Mutstärkung des Kindes" ein. Es geht um die „Vermittlung des Gefühls, als Mensch vollkommen angenommen zu sein. Ausgehend von der Bewusstmachung der eigenen Stärken werden über Erfolgserlebnisse in Bereichen, in welchen sich der Schüler wenig zutraut, Möglichkeiten zu neuem, situationsadäquatem Verhalten erlebbar gemacht ... Die Gemeinschaft der Schüler ist Ausgangs-punkt und Endziel der Einzelarbeit." (VANEK-GULLNER 2003 S. 36/37) Dabei ist eine wichtige Voraussetzung für eine effektive Arbeit die freiwillige Teilnahme des Schülers an der Einzelarbeit. Über diese ist es dann auch möglich, eine intensivere Bindung zwischen dem Hund und dem Schüler aufzubauen, so dass das Tier im Klassenverband eine größere Wirkung zeigen kann.

Durch den Hund wird besonders die Einzelförderung des Schülers aus verschiedensten Gründen deutlich entkrampft. Er ist in dieser

Konstellation der Lehrerin nicht unterlegen, sondern er steht zwischen Lehrerin und Hund, denn dieser ist der Rangniedrigere. Außerdem spielt natürlich die mehrfach bewiesene allgemeine Entspannung durch den Hund eine Rolle. Dieser lenkt den Focus automatisch auf sich, so dass der Schüler „entlastet" ist. Dieser Punkt erhöht allerdings den Stressfaktor für den Hund und darf nie vergessen werden! Vielfältige Gespräche mit den Kolleginnen, die ihren Hund in der Einzelarbeit einsetzen, belegen, dass Hunde nur in sehr eingeschränktem Rahmen so eingesetzt werden können, da diese Art des Einsatzes sehr stressig und ermüdend für den Hund ist.

Der Unterricht mit einzelnen Schülern und dem Hund kann natürlich unter verschiedenster Zielsetzung durchgeführt werden und eine Förderung in vielen Bereichen ist möglich. Hier soll neben der Förderung verschiedener Bereiche wie Wahrnehmung, Motorik, emotionale und soziale Entwicklung, Sprache auch kurz auf die Möglichkeiten der Einzeldiagnostik und des Angstabbaus eingegangen werden.

4.4.1. Förderung der Wahrnehmung

Defizite in der Wahrnehmung sind häufig verantwortlich für viele Probleme im schulischen Alltag, werden aber in der Regel im Unterricht nicht mehr gezielt aufgearbeitet. Die Wahrnehmungsbereiche sind dabei vielfältig und nicht immer klar voneinander zu trennen.

Ein Hund bietet ideale Bedingungen um Defizite auch bei älteren Schülern zu erkennen und aufzuarbeiten. Er kann z. B. helfen, die Körperwahrnehmung der Schüler zu trainieren, denn sie sind allgemein fasziniert vom Fell und vielen Körperteilen des Hundes und können darüber die Wahrnehmung ihres eigenen Körpers schulen.

Die taktile Wahrnehmung kann über den Hund natürlich optimal gefördert werden. Dabei geht es nicht nur um den Kontakt zum Körper des Hundes. Verschiedene Pflege- oder Spielgegenstände, Futter etc. können erfühlt und auf vielfältige Art und Weise erfahren werden. Für die visuelle, die olfaktorische und die auditive Wahrnehmung gibt es viele verschiedene Übungsmöglichkeiten, ebenso wie für die propriozeptive und vestibuläre Wahrnehmung. Ideen zu dem Thema finden sich bei Andrea Vanek-Gullner in dem Buch „Lehrer auf vier Pfoten" ab S. 60 oder bei Marion Koneczny in dem Buch „Hunde im Kindergarten" z. B. ab S. 37.

Hier habe ich nur einige Möglichkeiten aufgeführt:

– Eine Malvorlage möglichst treffend ausmalen und die Ergebnisse vergleichen. (siehe Foto)
– Gegenstände aus dem Alltag des Hundes erfühlen, beschreiben, benennen, zeichnen ...
– Aus einer bestimmen Anzahl von bekannten Gegenständen einen entfernen, der geraten werden muss.
– Dem Hund unter Anleitung Halsband, Geschirr, Leine anlegen.
– Verschiedenes Trockenfutter oder Leckerlis riechen, fühlen, vergleichen, anknoten, aus verschiedenen Futterbeuteln nehmen.
– Mit geschlossenen Augen den Hund hören (verschiedene Halbänder, Geschirre, Steuermarken...) und seine Position bestimmen.
– Den Hund erfühlen, Fellbeschaffenheit unterscheiden, Ballen, Krallen, Brustwarzen...
– Verschiedene Tätigkeiten des Hundes hören, unterscheiden, beschreiben...
– nonverbale Verständigung der Kinder
– Parcours für den Hund aufbauen, ihn zunächst allein dann gemeinsam mit dem Hund bewältigen.
– Clickerübungen mit Kindern
– ...

In allen Bereichen kann der Hund sehr vielfältig eingesetzt werden und die Motivation der Schüler bereitet in der Regel kaum Probleme. Durch die besondere Rolle des Hundes als unterstes Glied in der Hierarchiekette wird automatisch der Selbstwert der Schüler gesteigert und gleichzeitig übernehmen sie Verantwortung für das Tier, das auf sie angewiesen ist.

In einer Gruppe ergeben sich unterschiedliche Wahrnehmungen, die zu Vergleichen führen, die sprachlich artikuliert werden können, so dass gleichzeitig über den Hund auch die Kommunikation und das Sozialverhalten gefördert werden.

Viele Schüler, nicht nur im Bereich der Förderschulen, weisen massive Defizite in den verschiedenen Wahrnehmungsbereichen auf, die ihr Lernen enorm beeinträchtigen. Je älter die Schüler sind, desto schwieriger wird die Auswahl adäquater didaktischer Mittel. Hier eröffnen sich über den Hund als Hilfslehrer neue motivierende Wege.

4.4.2. Förderung der Motorik

Zunehmend weisen die Schüler im motorischen Bereich durch die immer geringer werdenden Bewegungsmöglichkeiten enorme Defizite auf, die sich auf das schulische Lernen auswirken. Die Schule versucht hier über den Sportförderunterricht einen Ausgleich zu erreichen, der allerdings mit zunehmendem Alter der Schüler immer schwieriger wird.

Der Hund stellt, wie bereits erwähnt, einen hohen Motivationsfaktor zur Bewegung dar und kann deshalb auch in der Adipositasprophylaxe eine wichtige Rolle spielen. Besonders bewegungsfreudigere Hunde fordern die Schüler immer wieder zu Aktivitäten auf und erhöhen enorm die Freude an Lauf-, Bewegungs- und Ballspielen. Das Aufbauen und Absolvieren eines Parcours für den Hund macht Zwei- und Vierbeinern immer wieder Spaß und offenbart Stärken und Schwächen, die dann gezielt aufgearbeitet werden können.

Beim Einsatz in der Turnhalle ist jedoch die besondere Bodenbeschaffenheit und Akustik zu beachten. Die Hunde haben auf dem glatten Bodenbelag keinen Halt und so kann es schnell zu Verletzungen des Bewegungsapparats kommen. Über ihre besonderen Sinneswahrnehmungen nehmen sie sowohl feinste Vibrationen des Hallenbodens als auch die Geräuschkulisse sehr viel intensiver wahr als der Mensch und so kann es schnell zu einer Überforderung des Hundes kommen. Viele Übungen zur Motorik können besser in einem normalen Klassenraum oder im Freien durchgeführt werden.

Es bestehen aber bei den Schülern nicht nur Defizite in der Grob- sondern auch häufig in der Feinmotorik, die ebenfalls über die Arbeit mit dem Hund vielfältig trainiert werden kann.

Erfühlen von Spiel-, Futter- oder Körperpflegeutensilien, Unterscheiden der Fellbeschaffenheit des Hundes, Öffnen von Halsbändern, Futterbeuteln etc., Zerkleinern von Futter bieten vielfältige Möglichkeiten des Trainings. Aber auch unterschiedliche Fortbewegungsarten oder Spiele mit dem Hund schulen die Motorik und bereiten immer wieder viel Freude (siehe auch Andrea Vanek-Gullner „Lehrer auf vier Pfoten" S. 64/65).

4.4.3. Förderung der emotionalen Entwicklung

Allgemein wird eine adäquate Entwicklung im Bereich der emotionalen Entwicklung im schulischen Kontext vorausgesetzt, aber zunehmend werden Defizite deutlich, die den normalen Schulalltag beeinträchtigen, denn eine adäquate Entwicklung stellt ein wichtiges Grundelement für die pädagogische Arbeit in der Schule dar.

Nicht nur in den Förderschulen, sondern auch in den Regelschulen werden vermehrt Defizite im Bereich der sozio-emotionalen Entwicklung beobachtet und hier wird häufig der Einsatz von Schulhunden als Chance gesehen und in der Presse häufig als „Wundermittel" dargestellt.

Hunde können die Lehrerin dabei unterstützen grundlegende Fähigkeiten im emotionalen und sozialen Bereich aufzuarbeiten. Nicht ohne Grund werden Schulhunde besonders in Förderschulen und in Regelschulen eingesetzt, die zu den sogenannten Brennpunktschulen gehören. Denn hier können in der Regel die Defizite in der emotionalen Entwicklung nur begrenzt aufgearbeitet werden.

Nach Vernooij/Schneider spielen im Bereich der Emotionalität „Begriffe wie emotionale Kontrolle bzw. emotionale Selbststeuerung, Frustrationstoleranz und Ich-Stärke bzw. Selbstwert-Stabilität eine große Rolle". Hier kann die Interaktion mit einem Hund, soweit keine gravierenden Ängste vorliegen, den Entwicklungsstand der Schüler verdeutlichen, Förderschwerpunkte aufzeigen und gezielt bearbeiten.

Ängstliche Schüler sind sehr stolz auf sich selbst, wenn es ihnen nach einiger Zeit gelingt, mit weit ausgestrecktem Arm und einem Finger das Fell des Hundes zu berühren. Oder sie schaffen es dem Hund ein Leckerchen aus der Hand zu geben, wo sie es vorher immer ängstlich auf den Boden geworfen haben.

Durch die entspannende Wirkung der Hunde, ihre Akzeptanz der Schüler ohne Beachtung der äußeren Erscheinung oder der intellektuellen Leistungsfähigkeit werden allgemein positive Gefühle hervorgerufen. Es bietet sich über die Hunde die Möglichkeit Schwerpunkte im emotionalen Bereich zu setzen und die Schüler positiv zu unterstützen.

Dabei ist es wichtig, dass durch pädagogisches, psychologisches Hintergrundwissen und eine genaue Kenntnis des Hundes auch kleine Veränderungen in der Kommunikation erkannt und genutzt werden.

Es müssen keine großen Aktionen mit dem Hund stattfinden. Schon beim normalen Umgang mit ihm zeigen sich in der kleinen Gruppe oder in der Einzelarbeit deutliche Aspekte im Bereich der Emotionalität. Häufig können Schüler über die individuelle Zuwendung des Hundes bzw. über den Hund positiv bestärkt werden und so in kleinen Einheiten Fortschritte im Bereich der emotionalen Entwicklung erzielen, die sich weiter auf den Schulalltag bzw. das allgemeine Leben übertragen.

4.4.4. Förderung der sozialen Entwicklung

Die soziale Entwicklung ist eng verknüpft mit der emotionalen Entwicklung und wird deshalb oft als sozio-emotionale Entwicklung gekoppelt. Die Sozialität „umfasst all jene Eigenschaften und Verhaltensweisen, die ein auf die Gemeinschaft bezogenes, angemessenes Handeln ermöglichen". (VERNOOIJ/SCHNEIDER S. 113)

In jeder Arbeit mit kleinen Gruppen, aber auch in der Einzelarbeit, findet automatisch eine soziale Entwicklung statt. Das Sozialtraining in einer kleinen Gruppe mit dem Hund zeigt dabei immer sehr schnell Strukturen der einzelnen Schüler auf und bietet vielfältige Möglichkeiten ihre  Stärken herauszustellen und Schwächen zu bewältigen.

Die Kinder können sich gegenseitig beobachten, wie sie mit dem Hund agieren und wie dieser auf sie reagiert. Dadurch erhalten sie auf Dauer ein besseres Gespür für ihre eigene Körpersprache und für die Wahrnehmung der Körpersprache der Mitschüler. Über den Hund sind die Schüler in der Regel sehr motiviert und konzentriert bei der Sache, da sie mit ihm ja überwiegend über die Körpersprache agieren können und er nur die Befehle ausführt, die sie auch mit dem nötigen Selbstbewusstsein aussprechen.

J. McNicholas bemerkte dazu: „Hunde können als starke soziale Katalysatoren wirken, indem sie die zwischenmenschlichen sozialen Kontakte erleichtern" (GUTZWILLER S. 6).

Nach Anke Prothmann steigerte die Präsenz eines Hundes „in großem Umfang die Wachheit und Aufmerksamkeit des Kindes, führte zu mehr Offenheit und Bedürfnis nach Sozialkontakt und Austausch, förderte die Wahrnehmung gesunder und vitaler Anteile und beeinflusste das innere Gleichgewicht in Richtung zu mehr Ausgewogenheit.". (PROTHMANN S. 148)

Es können hier keine pauschalen Hinweise auf die Möglichkeiten der Förderung mit dem Hund gegeben werden, denn wie mehrfach angemerkt, ist dies von vielen verschiedenen Faktoren abhängig. Als Schwerpunkte bieten sich an:

- nonverbale Kommunikation mit Hund und Menschen

- Kommandoarbeit mit dem Hund und Menschen über Sichtzeichen und/oder Hörzeichen

- gemeinsam Regeln erarbeiten

- einfache Spiele gemeinsam mit dem Hund

Ideen zu dem Thema finden sich ebenfalls bei Andrea Vanek-Gullner in dem Buch „Lehrer auf vier Pfoten" auf Seite S. 43 ff.

4.4.5. Sprachtraining

Natürlich ist es über den Hund als Medium auch optimal möglich ein Sprachtraining mit Schülern durchzuführen. Neben der Entspannung, die er bewirkt, können z. B. viele Begriffe mit seiner Hilfe mit besonderem Spaß erarbeitet werden.

Hunde befolgen Befehle nur, wenn sie klar und deutlich ausgesprochen werden. Sie können Gegenstände suchen, die Schüler an bestimmten Stellen versteckt haben, die diese vorher beschreiben müssen. Es kann ein Parcours für den Hund aufgebaut werden, bei dem zunächst die Gegenstände und die Aktivitäten beschrieben werden müssen, bevor der Parcours mit dem Hund gemeinsam bewältigt wird. Auch dieser Vorgang kann danach genauer artikuliert werden …

Es gibt vielfältigste Möglichkeiten den Hund aktiv oder passiv in der Sprachförderung einzusetzen. In der Gruppe ist dabei zusätzlich die Möglichkeit der gegenseitigen Beobachtung gegeben. Weil der Hund dabei immer der Rangniedrigste ist, hat er für die Schüler eine wichtige Rolle im Bereich der Entspannung und dem Aufbau des Selbstbewusstseins. Er übernimmt bei der Artikulation, dem aktiven Einsatz von Sprache und natürlich im Bereich der nonverbalen Kommunikation einen wichtigen Trainingspart für die Schüler.

Interessant ist in diesem Zusammenhang ein Ergebnis von Filiatre von 1983: „Ein älteres Tier regt eher zur Kommunikation an als ein junger Hund." (VANEK-GULLNER 2003 S. 14)

4.4.6. Diagnostik

Im Einzelunterricht können über die Interaktion mit dem Hund viele Strukturen der Schüler deutlich gemacht werden, die sonst nicht so schnell ins Auge fallen. Selbst einfache Übungen zeigen deutlich die Stärken und Defizite der Schüler im Bereich Motorik, Selbstvertrauen, Durchsetzungsvermögen, Ausdauer ….

Anke Prothmann schreibt dazu: „Für Kinder sind Tiere ein hochgradig attraktiver Stimulus, fast alle Kinder fühlen sich von Tieren angezogen und möchten mit ihnen interagieren. Die Interaktion mit einem Tier ist frei von Erwartungshaltungen und Befürchtungen. Das Kind kann so sein, wie es ist, bewegt sich freier und ungezwungener als in einer verbal-explorativen Testsituation und offenbart im Spiel mit dem Tier vermutlich diagnostisch relevante Verhaltensaspekte. Hunde eignen sich hierfür besonders, da sie im Laufe der gemeinsamen Evolution mit dem Menschen ein in der Tierwelt einzigartig hohes Maß an Verständnis für menschliche Gestik und Mimik entwickelt haben … Hunde interpretieren ihre Umwelt in starkem Maße unter Berücksichtigung menschlicher Signale und lassen dies in ihr Verhalten einfließen. (PROTHMANN S. 121)

Schon eine einfache Aufgabe, wie mit dem Hund über den Schulhof gehen, kann viel über den Schüler, den Hund und ihre Beziehung zueinander aussagen. Hier hat sich die Flexileine einmal als positiv erwiesen, da meine Hunde grundsätzlich bei diesen Übungen ein Geschirr tragen und es den Schülern absolut  verboten ist, den Stop-Knopf zu drücken. So wird bei einem Bewegungsradius von 8 Metern sehr schnell deutlich, ob der Hund sich in der Nähe des Schülers aufhält, er sich weit vom Schüler entfernt mit anderen interessanten Dingen beschäftigt, er auf sein Rufen reagiert und der Schüler sich durchsetzen kann oder dieser vielleicht sogar im Lauf hinter dem Hund hereilt.

Solch eine Situation ist natürlich nur möglich, wenn der Hund absolut leinenführig ist und ein Gespür dafür hat, wann das Ende der Leine erreicht ist ohne den Schüler über den Schulhof zu ziehen, was eine große Unfallgefahr darstellen würde. Eine Kontrolle der Situation durch die Pädagogin sollte dabei zum Wohl von Schüler und Hund selbstverständlich sein.

Auch die einfache Übung „Spiel mit dem Hund mit dem Ball!" kann sehr schnell Aufschluss über verschiedene Möglichkeiten des Schülers geben, ohne dass er diesen Hintergrund als solchen erkennt und sich unter Druck gesetzt fühlt. Neben der offensichtlichen Technik des Werfens geht es hier auch um Kontaktaufnahme, Selbstvertrauen, Entscheidungsfreudigkeit, Kommunikation, Konsequenz, Ausdauer ... Wichtig ist dabei, dass die Lehrerin und ihr Hund ein gutes Team bilden und sie gelernt hat, die einzelnen Facetten der Interaktion zu erkennen und richtig zu interpretieren.

Anke Prothmann analysierte, wie bereits erwähnt, in einer Studie die Interaktionen psychisch kranker Kinder und Jugendlicher mit einem Therapiehund und stellte dabei fest, dass der Hund das Krankheitsbild der Patientinnen widerspiegelt und auf Grund der Verhaltensdaten zu 75 % eine Klassifikation zum Krankheitsbild möglich war.

4.4.7. Angstabbau

Häufig spiegelt die Angst vor einem Hund nur eine allgemeine Ängstlichkeit der Schüler wieder. Im Laufe der Entwicklung treten in bestimmten Phasen bei Kindern verschiedene Ängste (vor Fremden, Tieren, Dunkelheit, Tod etc.) auf. Schulkinder haben aber normalerweise bereits gelernt, ihre früheren Ängste vor verschiedenen Dingen zu überwinden. (PROTHMANN S. 177) Ist dies nicht der Fall, so bezieht sich die Angst häufig nicht nur auf eine spezielle Sache, sondern es ist eine allgemeine Ängstlichkeit zu beobachten.

Liegt keine besondere Angststörung vor, so wirken Hunde allgemein beruhigend und es „gibt mehrere Studien, in denen nachgewiesen wurde, dass das Berühren eines warmen, weichen Tierfelles eine entspannende Wirkung hat und Tierkontakt stressmindernd wirkt". (PROTHMANN S. 179)

Heute wird vielfach eine systematische Sensibilisierung zum Angstabbau eingesetzt, indem man das Kind schrittweise der Angst auslösenden Situation aussetzt. Deshalb kann in der Einzelförderung gezielt die Angst vor dem Hund bearbeitet werden, um den Schüler gleichzeitig allgemein zu stabilisieren und sein Selbstbewusstsein aufzubauen.

Dabei ist es wichtig, die Angst der Schüler zu respektieren und sie tendenziell das Tempo der Annäherung an den Hund bestimmen zu lassen. Wichtige Voraussetzung ist ebenfalls ein sensibler oder gut

trainierter Hund, damit es nicht zu Prozessen kommt, die das Problem verschlimmern statt verbessern.

Ängstliche Schüler sind häufig nicht in der Lage, sich einem Hund ohne großes Unwohlsein zu nähern und das Berühren oder gar das Geben eines Leckerlis ist für sie unmöglich.

Die Hundebesitzerin muss dem Kind die Garantie geben, dass der Hund nur bis zu einer bestimmten Grenze an es herankommt. Auf dem Bild dienen meine Beine als deutliche Barriere. Da meine Hündin Sandy ein ganz besonderes Gespür für solche Situationen besitzt, verdeutlicht sie durch ihre Haltung zusätzlich, dass der Schüler ihr vertrauen kann.

Viele Schüler haben Angst oder großen Respekt vor den großen Eckzähnen der Hunde und sind so nicht in der Lage, einem Hund ein Leckerchen auf der flachen Hand zu geben. Einer meiner Schüler entwickelte vor einigen Jahren selbst Möglichkeiten um dieses Problem langsam abzubauen. Er steigerte die „Gefährlichkeit" der Handlung langsam aber kontinuierlich, indem er das Leckerchen

– auf den Schuh (starker Schutz des Fußes)

– auf das Knie (in der Hose)

– auf den Oberschenkel (in der Hose)

– auf den Unterarm (im Pullover)

– auf die Hand (versteckt im Pullover)

– auf die Hand ohne Pullover

legte. Als er diese Schritte über einige Tage nacheinander gegangen war, war er stolz auf seine auch optisch deutlich sichtbaren Fortschritte.

Allgemein erkennen Schüler diese deutlichen Fortschritte bei sich sehr gut selber und sie führen zu einer positiveren Selbsteinschätzung, die wiederum Auswirkungen auf das Selbstbild hat.

Der Prozess des Angstabbaus mit dem Hund zeigt dabei wieder viele andere Strukturen der Schüler auf, die für den Lernprozess in der Schule von entscheidender Bedeutung sind. Sie können, wie bereits oben erwähnt, über die Hundegestützte Pädagogik in relativ lockerer Atmosphäre erforscht und evtl. verbessert werden, ohne dass der Schüler die Situation mit den direkten emotional negativ besetzten Problemen in Verbindung bringt.

Hat ein Schüler dann durch einen gezielten Einzelunterricht die Angst vor dem Hund überwunden, so ist er in der Regel sehr stolz auf sich und ein entscheidender Schritt zu einer allgemeinen Stärkung des Selbstbewusstseins und somit normalerweise auch zu einer Stärkung des Leistungsvermögens ist getan.

4.5. Zusammenfassung Einsatzmöglichkeiten

Mit der Hundegestützten Pädagogik in der Schule soll die allgemeine Erziehung und Bildung dort unterstützt werden. Über und mit dem Hund sollen Schülerinnen und Schülern zusätzliche Möglichkeiten gegeben werden, sich und ihre Umwelt neu zu erfahren und so auf Dauer ihre Resilienz zu steigern, d. h. die Fähigkeit schwierige Lebenssituationen erfolgreich und ohne psychische Schäden zu bewältigen.

Viele Untersuchungen belegen mittlerweile die verschiedenen Wirkungen von Hunden auf den Menschen und auch im schulischen Kontext liegen erste positive Ergebnisse vor. Deshalb boomt der Einsatz von Schulhunden in Deutschland und zunehmend werden Hunde zur Unterstützung der Lehrerin in Klassen eingesetzt. Bis zu 70 % begleiten die Hunde die Kolleginnen in den Klassenunterricht und sorgen dort für eine entspannte Atmosphäre und agieren als soziale Katalysatoren. Wissen über den Hund und Tierschutzaspekte werden erarbeitet und idealerweise über Multiplikatoren an andere Menschen weitergegeben. Das Tier agiert als Co-Lehrer, indem es während des Unterrichts einzelne Schüler unterstützt und fördert und allgemein die Klassenstimmung durch sein Verhalten spiegelt.

In der Einzel- oder Kleingruppenarbeit können über und mit dem Hund Bereiche der Wahrnehmung, Motorik, emotionalen und sozialen Entwicklung, Kommunikation usw. gefördert werden. Nur bei einer freiwilligen Teilnahme der Schüler kann hier allerdings effektiv eine Bindung zwischen Schüler und Hund aufgebaut werden, die Grundvoraussetzung für Veränderungen ist. Diese Art der Arbeit mit dem Hund in der Schule wird schätzungsweise zu ca. 20 % durchgeführt.

Neben der Förderung in den oben aufgeführten Bereichen kann die Einzel- und Gruppenarbeit auch zur Diagnostik genutzt werden. Gute Ergebnisse lassen sich ebenfalls zum Thema Angstabbau und Selbstbewusstseinsaufbau erzielen.

Durch Evaluation könnten zu diesem Themenbereich u. a. folgende Hypothesen überprüft werden:

- Der Einsatz der Schulhunde ist in allen Schulformen gleich!
- Schüler, die von einem Schulhund unterstützt werden, gehen regelmäßiger zur Schule!
- Schulhunde machen Schüler empathischer!
- Lehrerinnen, die von ihren Hunden in der Schule unterstützt werden, besitzen eine höhere Autorität!
- Schulhunde helfen effektiv bei der Klärung des Förderbedarfs der Schüler!
- Der allgemeine Gesundheitszustand der Schüler, die von einem Schulhund unterstützt werden, ist besser!
- Schulhunde unterstützen die Förderung der Wahrnehmung bei den Schülern!
- Über den Schulhund verbessert sich die nonverbale Kommunikation!
- Über den Schulhund kann die verbale Kommunikation gefördert werden!
- Durch den regelmäßigen Kontakt zum Schulhund wird nicht nur die Angst vor Hunden reduziert, sondern auch allgemein das Selbstbewusstsein der Schüler aufgebaut!
- Die Wirkung der Schulhunde ist größer, wenn die Schüler ihn regelmäßig erleben!
- ...

5. Schlussbemerkungen

In diesem Buch habe ich versucht, möglichst viele Voraussetzungen und Möglichkeiten im Bereich der Hundegestützten Pädagogik in der Schule zu erläutern und die Frage zu klären, ob der Einsatz von Hunden in der Schule automatisch viele Probleme löst.

Dabei zeigte sich, dass auch die geschichtliche, soziale und kulturelle Entwicklung der Mensch-Hund-Beziehung Einfluss auf diesen Bereich hat und eine begriffliche Zuordnung nach den vorgegebenen deutschen Begriffen und den Standards der Delta Society nicht eindeutig möglich ist.

Wie in den Kapiteln 2.2. und 2.5.1. näher erläutert, gehe ich deshalb zurzeit von den Begriffen Hundegestützte Pädagogik in der Schule bzw. Hupäsch und Schulhund aus, die sich zur deutlicheren Begriffs-differenzierung auf den Ort der Hundegestützten Intervention beziehen. Da es aber viele verschiedene Schulformen mit einem sehr unterschiedlichen Schülerklientel gibt und dort sehr unterschiedliche Pädagoginnen mit ihren individuellen Hunden agieren, besagt dies noch nichts über die quantitative und qualitative Arbeit der Teams, die sehr unterschiedlich ist.

Wie unter Punkt 2.5.2. ausgeführt, gibt es m. E. verschiedene Ansätze beim Einsatz von Hunden in der Schule. Allgemein werden die Hunde überwiegend im Klassenunterricht eingesetzt und nur zu 10 - 20% besteht die Möglichkeit des Unterrichts in der Einzel- und Gruppenförderung. Der ca. 50%ige Anteil von Förderschulen, deren Gesamtanteil am Schulsystem nur ca. 5 % beträgt, und der Anteil der Grund- und Hauptschulen, die häufig zu den sogenannten Brennpunktschulen zählen, zeigt eine Konzentration auf Schulen mit erheblichem Förderbedarf. Dieser liegt besonders in Bereichen, die theoretisch als Basiskompetenzen vor dem Schulbeginn vorhanden sein sollten.

Wenn wir auf die erst relativ kurze Phase des Einsatzes von Hunden in den Schulen durch Pädagoginnen seit ca. 2002 in Deutschland zurückblicken, hat eine rasante Entwicklung stattgefunden, die schwerpunktmäßig durch Frauen vorangetrieben wurde. Dies bestätigt den allgemeinen Trend, dass Mädchen/Frauen erheblich mehr von Tieren angezogen werden als Jungen/Männer. Aber geschieht der Einsatz von Hunden und besonders auch von Welpen immer zum Wohle von Schülern und Hunden? Erfüllen sich die Pädagoginnen nicht nur einen persönlichen Herzenswunsch?

Fast alle Schulhunde wurden von Pädagoginnen privat angeschafft, finanziert, teilweise trainiert und ehrenamtlich neben ihrer normalen Tätigkeit in der Schule eingesetzt. Erst langsam werden die vielfältig auftretenden Probleme des Genehmigungsverfahrens bei der Einführung von Schulhunden durch die Vernetzung geringer und manchmal übernehmen bereits die Schulen oder die entsprechenden Fördervereine die Kosten für eine spezielle Weiterbildung der Teams oder unterstützen das Team auf andere Weise finanziell. Allgemein haben die meisten Kolleginnen viel Kraft, Zeit und Geld in das Projekt Schulhund investiert, da sie durch praktische Erfahrungen vielfältige positive Ergebnisse erkennen konnten.

Wie ich ausführlich erläutert habe, benötigen Schulhunde neben einem adäquaten Charakter, einer Grunderziehung, Gesundheitsprävention und Familienanschluss ein spezielles Training, um dem Stress des Schulalltags gewachsen zu sein. Dieses sollte immer im Team mit der Besitzerin stattfinden, denn das theoretische Hintergrundwissen der Pädagogin und die Teambildung sind wichtige Basiselemente für einen effektiven Einsatz in der Schule.

Leider gibt es zurzeit meines Wissens in Deutschland kaum Möglichkeiten, um Pädagoginnen mit ihren Hunden speziell auf den Einsatz in der Schule vorzubereiten. Allgemein handelt es sich um Ausbildungen zum Therapiehund, Therapiebegleithund oder den entsprechenden Teamausbildungen, die vom Einsatz in der Einzelarbeit oder Kleingruppenarbeit ausgehen, aber nicht von der regelmäßigen Anwesenheit in Klassen, in denen überwiegend der reguläre Unterricht stattfindet. Hier hat die rasante Verbreitung von Schulhunden noch nicht zu ausreichenden adäquaten Möglichkeiten auf dem Ausbildungssektor geführt.

Bisher gibt es in Deutschland auch keine einheitliche Regelung zum Genehmigungsverfahren und den notwendigen Voraussetzungen der eingesetzten Lehrerin-Hund-Teams, was Vor- und Nachteile bringt.

Jede Kollegin muss sich bisher in ihrem Bundesland informieren, wo die Erlaubnis für das Schulhundprojekt einzuholen ist und stößt dabei natürlich auf unterschiedlich aufgeschlossene und überwiegend uninformierte Sachbearbeiter. Eine allgemeine Regelung in den Schulministerien der Länder wäre hier auf Dauer sehr hilfreich, birgt aber auch Gefahren, denn nicht die Kolleginnen, die praktische Erfahrung in dem Bereich haben, werden die Vorgaben entwickeln, sondern die Theoretiker in den Ministerien, die sich auf allgemeine

Paragraphen berufen und von den Wirkungen der Hunde, ihren Möglichkeiten in der Schule und den notwendigen Voraussetzungen wenig wissen!

Viele Kolleginnen sind an einer qualifizierten Arbeit im Bereich Hupäsch sehr interessiert und so haben sich mittlerweile einige Arbeitskreise gebildet und der Fachkreis Schulhund, der an gemeinsamen Richtlinien und einem gemeinsamen Logo arbeitet, um auf Dauer darunter Schulhundteams zusammenzufassen, die bestimmte Bedingungen erfüllen.

Ein erster Schritt in diese Richtung ist die freiwillige Selbstverpflichtung im Schulhundweb, der sich zurzeit ca. 50 Personen angeschlossen haben. Allerdings zeigt die Diskussion, wie schwer es aufgrund der sehr individuellen Bedingungen und Möglichkeiten der Schulhundteams ist, einheitliche Basisbedingungen aufzustellen.

Durch die Vernetzung der Kolleginnen, die regelmäßig ihre Hunde in der Schule einsetzen, hat sich m. E. innerhalb recht kurzer Zeit ein sehr intensiver und effektiver Austausch entwickelt, der die Gefahren für Hunde und Schüler immer mehr reduziert, da sich nicht jeder neu in den Bereich Hupäsch einarbeiten muss, sondern von den Erfahrungen der älteren Teams profitieren kann. Besonders Studentinnen und Referendarinnen können sich vorausschauend auf den späteren Einsatz eines Hundes vorbereiten.

Schulhunde können Pädagoginnen in vielen Bereichen in der Schule unterstützen, wenn diese die vielfältigen Voraussetzungen für ihren Einsatz kennen und auf der Basis von Verständigung, Verständnis, Vertrauen, Verbundenheit und Verantwortung mit ihren Hunden ein Team bilden.

Eine Vernetzung in Richtung Schulverwaltung und Ministerien könnte Kolleginnen mit ihren Hunden bei ihrer Arbeit zum Wohle der Schüler auf Dauer unterstützen und würde eine allgemeine Anerkennung der hundebezogenen Ausgaben beim Finanzamt und eine Befreiung von der Hundesteuer bestimmt erleichtern.

Meine Wünsche für die Zukunft:

– die Vernetzung unter den Kolleginnen und mit den betreffenden Ämtern setzt sich kontinuierlich fort

– Teameinsatz, separater Ruheplatz, feste Regeln, Einhaltung der Hygienebestimmungen und individuell angepasster Einsatz sind die Norm

- Konzepte, Evaluation und Supervision als Hilfestellung für die Teams

- einheitliches Genehmigungsverfahren in den verschiedenen Bundesländern

- problemlosere Anerkennung der Kosten beim Finanzamt und Befreiung von der Hundesteuer

- eine Einführung in den Bereich Hupäsch als Grundvoraussetzung für den Einsatz eines Schulhundes und deren finanzielle Übernahme durch die Schulämter

- regelmäßiges Training der Schulhunde unter qualifizierter Anleitung

- finanzielle und stundenmäßige Unterstützung der Teams und Anerkennung ihres zusätzlichen Engagements

- effektivere Nutzung des innovativen Potentials

Literatur:

Berger, Kirsten: Die Sprache der Hunde, unveröffentlichtes Skript

Bergler, Reinhold: Mensch & Hund – Psychologie einer Beziehung, Köln 1986

Cordt, Mirjam: Hundereich – ein Arbeitsbuch zur Integration von Hunden aus dem Tierschutz; animal learn Bernau 2006

Csányi, Vilmos: Wenn Hunde sprechen könnten…, Kynos Mürlenbach 2006

Dogs (Zeitschrift) 5/2007

Dogs (Zeitschrift) 1/2008

Feddersen-Petersen, Dorit: Hunde und ihre Menschen, Stuttgart 1992

Feddersen-Petersen, Dorit: Hundepsychologie, Stuttgart 2004

Feltmann, Gudrun: Die Kunst, mit dem Hund zu reden, Stuttgart 2003

Gollwitzer, Jäger: Evaluation – Workbook Weinheim, Basel 2007

Greiffenhagen,Sylvia: Tiere als Therapie – Neue Wege in Erziehung und Heilung, München 1991

Greiffenhagen,Sylvia; Buck-Werner, Oliver N.: Tiere als Therapie – Neue Wege in Erziehung und Heilung, Kynos Mürlenbach 2007

Gutzwiller, Felix: Zufrieden und gesund mit Katz und Hund, Zürich 1999

Hegedusch, Eileen und Lars: Tiergestützte Therapie bei Demenz, Gera 2006

Heintzmann, Stefan: Clique, Familie und Karriere in „Unser Weg" (Forum des BDKJ Mainz) Oktober 2002

Hoff,Tanja; Bergler, Reinhold: Heimtiere und schulisches Leistungs- und Sozialverhalten , Regensburg 2006

IEMT Schweiz: Weissbuch Ausgabe 3/2007 „Tiergestützte Therapie im Aufwind

Koneczny, Marion: Hunde im Kindergarten - Ein Tierbesuchsprojekt nicht nur für Vorschulkinder; Borgmann Media Dortmund 2006

Kongress Mensch und Tier Vorträge Berlin 2007

Kongress Mensch und Tier Vorträge Berlin 2008

Kusch, Carola: Hundeerziehung artgerecht und natürlich, München 1999

Langmaack, Barbara: Einführung in die Themenzentrierte Interaktion TZI, Weinheim 2001

Mensch&Tier Veröffentlichung Forschungskreis Heimtiere in der Gesellschaft 1-2005

Mensch&Tier Veröffentlichung Forschungskreis Heimtiere in der Gesellschaft 2-2005

Mensch&Tier Veröffentlichung Forschungskreis Heimtiere in der Gesellschaft 4-2007

Müller, Sandra: Die Ausbildung von Therapiebegleithunden „also muss der Hund lernen den Menschen richtig zu deuten…?" in „tiergestützte 3 – 2006 S. 7 - 9

Nagel, Martina; Reinhardt von, Clarissa: Stress bei Hunden, animal learn Verlag, Grassau 2003

Olbrich, Otterstedt (Hrsg.): Menschen brauchen Tiere - Grundlagen und Praxis der tiergestützten Pädagogik und Therapie , Kosmos Stuttgart 2003

Olbrich, Erhard: Tiere und die Entwicklung kindlicher Kompetenzen (auf www.mensch-heimtier.de unter Seminar Hunde in der Schule 2002)

Olbrich, Erhard / Schwarzkopf, Andreas: Ein Gütesiegel für Praktiker? (Tiergestützte 4 – 2008 S. 22 - 25)

Otterstedt, Carola: Tiere als therapeutische Begleiter, Kosmos Stuttgart 2001

Prothmann, Anke: Tiergestützte Kinderpsychotherapie, Frankfurt am Main 2007

Prothmann, Ettrich: Ein Projekt zur Untersuchung interspezifischer Kind-Hund-Interaktionen (www.tiere-als-therapie.de 03.12.2005)

Rauschenfels, Christian: Stressbedingte Reaktionen beim Tier während der Therapie in Lernen konkret 1- 2006 S. 21 - 23

Reinhardt von, Clarissa ; Scholz Martina: Calming Signals – Workbook animal learn Verlag Bernau 2004

Retzlaff, Bernd: Zur Schule mit Jule: Sozialpartner Hund im Unterricht (auf www.mensch-heimtier.de unter Seminar Hunde in der Schule 2002)

Robert Koch Institut: Heimtierhaltung – Chancen und Risiken für die Gesundheit, Heft 19, 2003

Röger-Lakenbrink, Inge: Das Therapiehunde-Team - Ein praktischer Wegweiser; Kynos Verlag 2006

Rose, Lotte: Tiere und Soziale Arbeit – Versuch einer kritischen Thematisierung , Neue Praxis 2/06 S. 208-224

Rugaas, Turid: Calming signals - Die Beschwichtigungssignale der Hunde: animal learn Verlag, Grassau 2001

Schneider, Dorothée: Die Welt in seinem Kopf - Über das Lernverhalten von Hunden; animal learn Verlag Bernau 2005

Schönberger, Alwin: Die einzigartige Intelligenz der Hunde, Piper München 2006

Schweizer Tierschutz STS: Positionspapier Tiere im Schulzimmer und Tiere im Unterricht 2003

Tellington-Jones, Linda: Tellington-Training für Hunde, Stuttgart 1999

Vanek-Gullner, Andrea: Das Konzept Tiergestützte Heilpädagogik – TGHP, Wien 2003

Vanek-Gullner, Andrea: Lehrer auf vier Pfoten, Wien 2007

Vernooij, Monika A.; Schneider, Silke: Handbuch der Tiergestützten Intervention, Wiebelsheim 2008

Wille, Susanne: Ausgrenzungsprozesse in Schulklassen, Saarbrücken 2007

Links

http://wwwalt.uni-wuerzburg.de

http://www.aussie-netz.de

http://www.berthold-gymnasium.de

http://www.canisland.de

http://www.colecanido.de

http://www.dogmentor.de

http://www.helfer-auf-vier-pfoten.de

http://www.hundekosmos.de

http://www.kerpenschule.de

http://www.mensch-heimtier.de

http://www.mensch-tier-kongress.de

http://www.paeddog.de

http://www.schulhund-mika.de

http://www.schulhundweb.de
http://www.unser-klassenhund.com

http://de.wikipedia.org